Inline-Streethockey

Im Folgenden wird der Einfachheit halber einheitlich die männliche Anrede gewählt. Natürlich werden beide Geschlechter damit angesprochen.

Johannes Roschinsky/Daniel Funk/Harald Schönle

Adventure Sports

INLINE-STREETHOCKEY

Meyer & Meyer Verlag

Die Deutsche Bibliothek – CIP Einheitsaufnahme

Roschinsky, Johannes:
Inline-Streethockey / Johannes Roschinsky; Daniel Funk; Harald Schönle.
– Aachen : Meyer und Meyer, 2002
(Adventure sports)
ISBN 3-89124-842-3

Adelaide, Auckland, Budapest, Graz, Johannesburg, Miami,
Olten (CH), Oxford, Singapore, Toronto
Member of the World
Sport Publishers' Association (WSPA)
Druck: Druckerei Vimperk AG
ISBN 3-89124-842-3
E-Mail: verlag@meyer-meyer-sports.com

INHALT

1 EINLEITUNG

Eine neue Sportart überrollt im wahrsten Sinne des Wortes unser Land: *Inline-skating*. Etwa 8-10 Millionen Menschen allein in Deutschland betreiben diesen Sport. Mehrere Millionen Bundesbürger spielen mit dem Gedanken, sich Inlineskates anzuschaffen. In Umfragen unter Jugendlichen rangiert Inlineskating bereits hinter Fußball und Basketball an dritter Stelle der beliebtesten Sportarten. Weltweit gehört Inlineskating zu den am schnellsten wachsenden Sportarten. Zunächst als Fun- und Trendsportart der 90er charakterisiert, scheint sich diese neue Sportkultur nun als eigenständige Sportart mit ganz verschiedenen Ausdifferenzierungen – u.a. Fitnessskaten, Speedskaten, Freestyle und Hockey – etabliert zu haben (SCHMIDT/ROSCHINSKY in Druck).

Besonders das Inline-Streethockey bzw. das Roll- oder Skaterhockey spielt dabei eine ganz entscheidende Rolle. Ca. 10% der Inlineskater spielen aktiv Inline-Streethockey. Allein in Deutschland wird die Zahl der aktiven Inline-Streethockey-Spieler bereits auf ca. eine Million geschätzt. Ausgelöst wurde der Boom des Inline-Streethockeys eigentlich durch Eishockeysportler in den USA, die auch im Sommer nicht auf ihr Hockeysportspiel verzichten wollten. Hier existiert bereits seit 1993 eine Profiliga. Die amerikanische Inline-Hockeymeisterschaft orientiert sich an der Eishockeyliga. Das Zuschauer- und Medieninteresse ist mit fast 10.000 Zuschauern pro Spiel enorm. Auf internationaler Ebene fand 1996 bereits die erste Inline-Hockeyweltmeisterschaft in Minnesota/USA statt, welche die Amerikaner klar gegen Kanada für sich entschieden. In Deutschland wird Inline-Streethockey von der Mehrzahl seiner Anhänger eher freizeit- und weniger wettkampforientiert betrieben. Es wird aber ein weiter steigendes Interesse für diese Sportart prognostiziert, sodass hier in den nächsten Jahren sicherlich eine enorme Professionalisierung bevorsteht. Das Ende der Entwicklung von einer Trendsportart zur breiten Massenbewegung ist nicht in Sicht. Immer mehr Menschen schließen sich diesem dynamischen und spannenden Sportspiel an, teils privat am Wochenende bzw. nach der Schule oder der Arbeit, oder organisiert in einem der vielen Sportvereine. Dabei sind es nicht nur Kinder und Jugendliche, sondern immer mehr auch Erwachsene, welche sich mit Begeisterung diesem temporeichen Teamsport widmen und dazu beitragen, dass sich in den letzten Jahren eine eigene Inline-Streethockey-Sportszene etabliert hat. Sich spontan treffen zu können und, losgelöst von Vereinsvorschriften und Reglements, einfach drauflos zuspielen, entspricht der jugendlichen Lebensphilosophie der heutigen Zeit. Dabei werden neben den Hauptbeanspruchungsformen Ausdauer und Kraftausdauer beim Inline-Streethockey insbesondere auch Beweglichkeit und koordinative Fähigkeiten, wie Gleichgewicht und Reaktionsvermögen, trainiert.

Auch seitens institutioneller Sportanbieter (Sportverein, Schule, Universitäten) wurde dieser Trend schon vor einigen Jahren erkannt und mit Erfolg in die Praxis umgesetzt. So führen bereits viele Sportvereine ihre eigene Inline-Streethockey-Abteilung. Zusätzlich existiert eine Vielzahl eigener Inline-Streethockey-Vereine, deren Mitglieder ebenfalls aktiv in verschiedenen Ligen ihre Wettkampfmannschaften spielen lassen. Seitens der Schulen wurde dieser Trend zunächst in Arbeitsgemeinschaften und Projektwochen aufgegriffen; inzwischen scheinen sich auch hier nach einigen Vorbehalten Inlineskaten und Inline-Streethockey als eigene Schulsportarten zu etablieren. Mit der wachsenden Zahl an aktiven Inline-Streethockey-Spielern, insbesondere unter Jugendlichen, haben die Universitäten den Trend ebenfalls erkannt; so sind Inlineskaten und Inline-Streethockey an vielen deutschen Hochschulen bereits fester Bestandteil der Sportlehrerausbildung.

Auch die Sportwissenschaft hat sich der Thematik angenommen. Sowohl aus methodisch-didaktischer Sicht (vgl. SCHMIDT/ROSCHINSKY in Druck) als auch aus trainingswissenschaftlicher Sicht (vgl. HABERMANN 1998; ROSCHINSKY/FUNK/SCHÖNLE in Vorb.) liegen bereits Veröffentlichungen vor.

Im Internet findet Inline-Streethockey immer mehr Interesse. So wird hier regelmäßig über aktuelle Tendenzen aus der Inline-Streethockey-Szene berichtet. Der Inline-Hockeyverband, die vielen Inline-Hockeyvereine und Sportvereine informieren auf ihrer Homepage und in ihren Vereinszeitschriften über Entwicklungen und Neuerungen aus der Sportartikelbranche und den Ligabetrieb. Inline-Streethockey hat, wie aufgezeigt, in sehr kurzer Zeit Einzug in verschiedenste Gesellschaftsbereiche und Institutionen gehalten. Somit gehört diese noch junge Sportart zu denen, die es wirklich von einer Trendsportart zu einer Breiten- und Wettkampfsportart *geschafft* haben und dazu beitragen, dass unsere Sportlandschaft und Bewegungskultur fassettenreicher und interessanter wird.

2 ENTWICKLUNG UND SPIELIDEE DES INLINE-STREETHOCKEYS

Inline-Streethockey entstand – wie es der Name schon sagt – auf der Straße und auf Parkplätzen. Anfangs wurde diese Sportart noch mit herkömmlichen Rollschuhen gespielt, aber spätestens mit dem immer größer werdenden Boom des Inlineskatings in den 90er Jahren stiegen auch die Hockeyspieler immer öfter auf Inlineskates um. 1997 wurden die ersten regelmäßigen Turniere bis hin zu Bundesfinals organisiert. 1998 gründeten sich die ersten Ligen. Ein Jahr darauf festigte und erweiterte sich die Ligenstruktur und es wurde am Ende des Jahres die erste deutsche Meisterschaft in Wuppertal ausgetragen. Der Dachverband für das Inline-Streethockey ist der D.I.V. (Deutscher Inline-Skaterverband e.V.) mit seiner Fachsparte Inline-Streethockey. Dabei gibt es noch vergleichbare Spielformen, wie das Streethockey, Inlinehockey und das Inline-Skaterhockey. Die Unterschiede sind bei diesen Sportspielen mal größer, mal kleiner.

Das *Streethockey* wird, wie das Inline-Streethockey, auf der Straße und auf Parkplätzen gespielt, wobei ein Ball oder ein Straßenpuck verwendet wird. Dabei tragen die Spieler aber normale Schuhe und keine Skates oder Rollschuhe.

Das *Inlinehockey* entstand aus der Not der Eishockeyspieler heraus, die eine Trainings- und Spielform für den Sommer suchten, die dem Eishockey sehr ähnlich war. Deshalb wird Inlinehockey auch in abgetauten Eisstadien mit einem Rollpuck in voller Eishockeyausrüstung gespielt. Der Spielbetrieb wird in Deutschland vom DRIV (Deutscher Rollsport- und Inline-Verband e.V.), DEB (Deutscher Eishockey-Bund) und dem DIHB (Deutscher Inlinehockey-Bund) von April bis August (eisfreie Zeit) organisiert und für die Altersklasse „Herren" angeboten. Die Regeln entsprechen denen des Eishockeys.

Das *Inline-Skaterhockey* wird in Deutschland seit 1986 vom DRIV (Deutscher Rollsport- und Inline-Verband e.V.) organisiert durchgeführt. Hierfür sind sowohl Rollschuhe wie auch Inlineskates zugelassen und es wird, wie beim Inline-Streethockey, mit einem Ball gespielt. Beim Inline-Skaterhockey liegt der Schwerpunkt aber mehr beim Leistungssport als beim Freizeitsport. Dies spiegelt sich in den 250 angemeldeten Vereinen mit 450 Mannschaften wider, die an einem ganzjährigen Ligabetrieb teilnehmen. Dieser wird von der Sportkommission Inline-Skaterhockey des DRIV, die sich Inline-Skaterhockey Deutschland (ISHD) nennt, organisiert.

Für Hobby- und Freizeitspieler, die sich nicht an eine Vereinsstruktur binden wollen, stellt das Inline-Streethockey die optimale Sportart dar. Die Regeln sind im Vergleich zum Inline-Skaterhockey bewusst viel einfacher und überschaubarer gehalten, damit die Sportart fast überall schnell und unkompliziert ausgeübt werden kann. Da Inline-Streethockey aber auch in einem dreistufigen Ligenbetrieb

Foto 1: Hobbyspieler bei einem Freundschaftsspiel

(Verbands-, Regional-, 1. Liga) in den Regionen Nord/Ost und Süd/West angeboten wird und sogar jedes Jahr deutsche Meisterschaften und der German Inline-Streethockey-Cup (vergleichbar dem DFB-Pokal) durchgeführt werden, gibt es auch hier noch eine zusätzliche Wettkampfordnung. Diese regelt hauptsächlich den organisatorischen Ablauf von Turnieren und ergänzt und erläutert die Spielregeln in Detailfragen. Auch bei diesen beiden sehr hochwertigen Turnieren ist eine Teilnahme möglich, ohne Mitglied in einem Verein zu sein. Durch die unkomplizierten Regeln und deren Handhabung kommen in ganz Deutschland immer häufiger viele kleine Turniere zu Stande, wodurch auch der Freizeit- und Breitensportcharakter des Inline-Streethockeys deutlich wird.

Der Reiz der Sportart liegt hauptsächlich in ihrer jugendlichen Lebensphilosophie. Das unkomplizierte Spiel, ohne sich mit jeder Menge Spielregeln auseinander setzen zu müssen, lässt eine Vielzahl von Spielformen auf Parkplätzen, Nebenstraßen und in Turnhallen zu. Oft reichen schon eine minimale Schutzausrüstung, ein paar Inlineskates und selbst gebastelte Tore, um ein stundenlanges, spannendes und schnelles Spiel in Gang zu bringen. Vor allem das hohe Tempo des Spiels, der schnelle Lernerfolg, ohne ein richtiges Training besuchen zu müssen, die technischen und taktischen Anforderungen sowie der erforderliche Teamgeist, faszinieren nicht mehr nur Jugendliche, sondern es bilden sich auch nach und nach immer mehr Hobbyteams mit erwachsenen Spielern. Diese beginnen, meist auf der Straße oder auf Plätzen zu spielen und bestreiten schon nach kurzer Zeit ihre ersten Turniere. Ein solches Turnier ist Sammelplatz für alle Alters- und Sozialschichten. Spieler jeder Könnens- und Leistungsstufe treffen sich zu einem fairen Wettkampf, um ihr Können in einer lockeren Atmosphäre unter Beweis zu stellen.

Für die mehr leistungsorientierten Spieler und Mannschaften bietet die Ligenstruktur eine optimale Möglichkeit, sich regelmäßig mit Mannschaften der gleichen Leistungsklasse zu messen. Sowohl diese Spieler, aber auch die Hobby- und Freizeitsportler finden im nächsten Kapitel eine ausreichende Einführung in das Regelwerk und die Wettkampfordnung des D.I.V.

Foto: Powerslide

3 REGELWERK UND WETTKAMPF-ORDNUNG

Für alle offiziellen Inline-Streethockey-Turniere, die von der Fachspartenkommission des D.I.V. (Deutscher Inline-Skaterverband e.V.) geleitet und organisiert werden, gelten die Inline-Streethockey-Regeln des D.I.V. und ergänzend dazu dessen Wettkampfordnung. Beide Regelwerke sind im Internet einzusehen und werden ständig aktualisiert. Deshalb wird hier nur ein kurzer Einblick in die Regeln des Inline-Streethockeys gegeben, die für einen reibungslosen Ablauf eines Hobbyspiels dringend notwendig sind. Den Link zur Internetseite des D.I.V. findet man im Anhang dieses Buches.

Die Inline-Streethockey-Regeln umfassen die wichtigsten Punkte zu Spielfeld, Tore, Pflichtausrüstung, Ball, Mannschaften, Spielregeln, Vergehen, Spielen des Balls, Spielende und Schiedsrichter. Sie sind daher auch für Hobbyspieler als Anhaltspunkte für Freizeitspiele ohne Wettkampfcharakter geeignet. Die Pflichtausrüstung, das Spielfeld, Tore und der Ball werden in diesem Buch separat in Kapitel 4 „Die richtige Ausrüstung" beschrieben. Die Grundzüge des Inline-Streethockey-Spiels werden im Folgenden grob skizziert. Das Ziel des Spiels besteht darin, den Ball in das gegnerische Tor zu befördern. In jeder Mannschaft spielen drei Feldspieler und ein Torwart. Ein Spielerwechsel ist jederzeit möglich, wobei beliebig viele Spieler eingesetzt werden können. Erst wenn der auszuwechselnde Spieler das Spielfeld verlassen hat, darf der Wechselspieler das Feld betreten. Der Torwart muss entweder durch seine Schutzausrüstung erkennbar sein oder dem Schiedsrichter als solcher angezeigt werden. Die Spieldauer beträgt bei Turnieren minimal 2 x 8 Minuten und maximal 2 x 12 Minuten. Die Halbzeitpause dauert ca. fünf Minuten. Tore können nur mit dem Schläger erzielt werden, außer, der Ball wird von der verteidigenden Mannschaft abgefälscht oder selbst in das Tor befördert (Eigentor).

Da in der Regel bei Freizeitspielen kein Schiedsrichter anwesend ist, wird an die Fairness der teilnehmenden Spieler appelliert. Vergehen werden hier in der Regel nicht mit Strafen belegt, wie bei Turnier- oder Ligaspielen. Meist machen die Mannschaften die Strafe unter sich aus (z.B. das Ballrecht wechselt an die gefoulte Mannschaft). Der Ball sollte ausschließlich mit dem Schläger gespielt werden, jedoch ist ein Weiterspielen mit dem Inlineskate erlaubt. Außer dem Torwart darf kein Spieler den Ball fest mit der

Hand umschließen und somit fangen. Er darf aber mit der Hand und allen anderen Körperteilen aus der Luft gestoppt werden. Ein am Boden liegender oder sitzender Spieler darf den Ball nur mit dem Schläger spielen. Bei offiziellen Spielen der D.I.V. Inline-Streethockey-Liga müssen zwei lizenzierte Schiedsrichter das Spiel leiten. Genaue Angaben zu den Schiedsrichtern und zu weiteren organisatorischen Maßnahmen für den Spielbetrieb in den Ligen des D.I.V. und der deutschen Meisterschaft findet man in der Wettkampfordnung für Inline-Streethockey, die vom D.I.V. herausgegeben wird. Hier werden die Struktur der Ligen der Region Nord/Ost und Süd/West, die Auf- und Abstiegsvoraussetzungen, die Organe des D.I.V. und alle wichtigen Regeln für den Spielbetrieb genauestens erläutert. Es werden organisatorische Strafen für das Nichtantreten bei einem Spiel ebenso behandelt, wie alle Voraussetzungen und Vorschriften für die deutsche Meisterschaft und die 1. Ligen. Das Schiedsrichterwesen wird ebenfalls sehr genau beschrieben. Für die Teilnahme an der deutschen Meisterschaft ist die Teilnahme am Ligabetrieb notwendig, da der deutsche Meister die Mannschaft ist, die nach dem letzten Spieltag auf dem ersten Tabellenplatz geführt wird. Wie beim Eishockey in der D.E.L. finden am Ende der Saison Play-offs statt, für die sich jeweils nur eine Mannschaft eines Vereins in jeder Altersklasse qualifizieren kann. In jeder Liga darf nur eine Mannschaft eines Vereins spielen (Ausnahme ist die unterste Liga). Deshalb muss eine Mannschaft absteigen, wenn aus der höherwertigen Liga eine Mannschaft des eigenen Vereins in dieselbe Liga absteigt, außer, diese Mannschaft steigt selbst in die höhere Liga auf. Für die Spielberechtigung an den 1. Ligen, den Regionalligen (Jugend und Schüler) und die Endrundenturniere zur deutschen Amateurmeisterschaft des D.I.V. ist eine so genannte *D.I.V. Players Card* notwendig. Diese Karte soll verhindern, dass Mannschaften sich kurzfristig Spieler einer anderen Mannschaft für ein Turnier einkaufen, und dass Strafen gegen einzelne Spieler nicht kontrolliert werden können. Durch diese Karte werden also alle Spieler der Liga registriert. Es gibt allerdings einen Großwettkampf des D.I.V., bei dem keine Players Card gefordert wird. Dies ist der *German-Inline-Streethockey-Cup*, der ebenfalls jedes Jahr ausgetragen wird und bei dem jede Mannschaft teilnehmen kann. Dieser Cup findet ausschließlich in Turnierform statt (vergleichbar mit dem DFB-Pokal) und endet mit einem Pokalfinale. Wer sich also genauer für die Turniere und das Regelwerk des D.I.V. interessiert, der kann direkt Kontakt zum Verband aufnehmen oder sich im Internet unter den angegebenen Seiten informieren. Welche Ausrüstung nun für Inline-Streethockey besser oder schlechter geeignet ist und auch welche Ausrüstungsgegenstände für die Turniere vorgeschrieben sind, wird im Folgenden genau beschrieben.

4 DIE RICHTIGE AUSRÜSTUNG

Es gibt zahlreiche Ausrüstungskombinationen für den Inline-Streethockey-Spieler, aber diese sind nicht unbedingt alle gleich zweckmäßig. Grundsätzlich muss man sich beim Kauf der richtigen Ausrüstung im Klaren darüber sein, ob man Inline-Streethockey als Wettkampfsport oder nur als gelegentlicher Hobbyspieler betreiben will. Für den Wettkampfbereich geben die jeweils aktuellen Spielregeln Aufschluss darüber, was als Pflichtausrüstung für den Feldspieler und den Torwart zwingend vorgeschrieben ist. Da die Ausrüstung mit der von Eishockeyspielern vergleichbar ist, sind die meisten Artikel auch in Fachgeschäften für Eishockey und Inline-Hockey oder in Sportgeschäften mit Eishockeyartikeln zu finden. Wird Inline-Streethockey allerdings nur als Hobby- oder Freizeitsport gespielt, gibt es zwar keine fest vorgeschriebenen Regeln für die Ausrüstung, jedoch sollte man aus Sicherheitsgründen auf ein gewisses Minimum an Ausrüstung nicht verzichten.

Ein Kriterium bei der Auswahl der Schutzausrüstung bildet schon der Ort und die Beschaffenheit des Spielfeldes. Zum Beispiel ist in einer Sporthalle der Abriebeffekt bei einem Sturz nicht so stark wie auf einem Parkplatz oder in einem Eisstadion ohne Eis, wo der Boden aus Beton oder Teer besteht. Dementsprechend kann, je nach Spielort, die Ausrüstung durch weitere Verstärkungen oder Veränderungen angepasst werden. Steht man in einem Laden und hat die Qual der Wahl beim Kauf der Ausrüstung, so spielt neben den bisher genannten Gründen auch noch das Geld eine entscheidende Rolle. Neben den Preisunterschieden der Anbieter von Eishockey-/Inline-Hockeyausrüstungen stellt sich natürlich die Frage, welche Ausrüstung denn nun wirklich sinnvoll oder notwendig ist. Sind nur Hockey-Inlineskates für 500,- € geeignet oder komme ich für meinen Nutzungsbereich auch mit billigeren Allround-/Fitnessskates gut zurecht? Ist billiges Material unbedingt schlechter oder kann man in manchen Bereichen auch Geld einsparen, ohne dabei auf den nötigen Schutz zu verzichten? Letztendlich steht bei der Wahl der richtigen Ausrüstung ganz klar der Schutz und die Sicherheit während des Spielens im Vordergrund.

Auf den nächsten Seiten werden die einzelnen Ausrüstungsgegenstände genauer beschrieben, wobei immer darauf eingegangen wird, worin der Unterschied zwischen Wettkampf- und Freizeitsport besteht. Zusätzlich werden noch einige weitere Tipps aus der Praxis zur Pflege und Auswahl der richtigen Ausrüstung gegeben.

4.1 Hockeyskates

Für Inline-Streethockey sind alle handelsüblichen Inlineskates zugelassen. Von der Industrie werden zahlreiche unterschiedliche Produkte auf dem Markt angeboten, die sich nicht nur in der Qualität und im Preis sehr stark unterscheiden, sondern auch für das Inline-Streethockey-Spiel unterschiedlich gut geeignet sind. Um nun die richtigen Hockeyskates für den eigenen Gebrauch zu finden, sollten verschiedene Dinge beachtet werden.

Grundsätzlich muss man sich im Klaren sein, wofür man die Skates nutzen will. Spielt man nur gelegentlich im Freizeitsportbereich, ist es ausreichend, Hockeyskates oder Inlineskates nach Wahl und Geldbeutel zu kaufen, sofern sie trotzdem zweckmäßig sind. Wer regelmäßig spielen und sogar an Turnieren teilnehmen möchte, sollte sich überlegen, ob sich ein paar Euro mehr für die richtigen Schuhe nicht doch lohnen. Speziell für das Hockeyspiel geschaffene Hockeyskates sind wie Eishockeyschlittschuhe mit vier Rollen anstatt der Kufen versehen, da die Lauftechnik und die Beanspruchung des Schuhs beim Inline-Streethockey der des

Foto 2: Hockey-Inlineskates

Eishockey entspricht. Sie sind in der Regel nicht mit einem Stopper ausgestattet, sind an den Zehen und den Fersen verstärkt und die Schnürung ist durchgehend, da sie über keinerlei Schnallen oder Klettverschlüsse verfügen. Die hinteren beiden Rollen sind vom Durchmesser oft etwas größer (80 mm Durchmesser) als die beiden vorderen Rollen (72 mm), um den Schuh drehfreudiger zu machen und um einen für das Hockey optimaleren Stand und Abdruck beim Beschleunigen mit leichter Vorlage im Schuh wie beim Eishockey zu haben. Als Kugellager werden von den Herstellern für das Inline-Streethockey so genannte **ABEC 3** empfohlen (im Gegensatz dazu nutzt man z.B. für Speedskates Kugellager mit der Bezeichnung **ABEC 5** und höher). Die Hockeyskates sind für das Inline-Streethockey optimal geeignet, jedoch sind sie etwas teurer als Allround- und Fitnessskates. Der Preis liegt dafür in etwa zwischen 150,- und 650,- €. Die Preisunterschiede entstehen durch die unterschiedliche Verarbeitung, die unterschiedliche Technik der Schuhe und das unterschiedliche Material (z.B. hoher Lederanteil, leichtes und robustes Material, gute Rollen und Kugellager).

Wer nicht ganz so viel Geld ausgeben will und sich am Anfang mit Inlineskates mit Stopper sicherer fühlt, kann auch auf jeden beliebigen Fitnessskate zurückgreifen, wobei nicht jedes Paar Inlineskates gleichermaßen für das Spiel geeignet ist. Nutzt man Inlineskates mit einem Stopper, so ist darauf zu achten, dass dieser bei Spielen in Turnhallen aus hellem Material besteht oder mit Tape abgeklebt wird, um unnötige Streifen auf dem Boden zu vermeiden.

Wenn man die richtigen Rollen und Stopper benutzt, spricht absolut nichts dagegen, in einer Turnhalle zu spielen. Auftretende Streifen auf dem Boden sind mit denen von Turnschuhen mit heller Sohle zu vergleichen und lassen sich leicht wieder entfernen. Man sollte aber mit zunehmender Verbesserung der Skate-Technik auf den Stopper verzichten und auf die alternativen Bremstechniken umsteigen (vgl. Kap. 5). Der Schuh sollte stabil und bequem sein, aber trotzdem sehr gut passen. Zu große Inlineskates können sehr schnell durch Umknicken zu starken Verletzungen im Bereich des Sprunggelenks führen. Besonders bei Kindern, die sehr schnell aus den Schuhen herauswachsen, sollte man nicht zu große Inliner kaufen, damit die Kinder lange damit fahren können. Hier ist es besser, wenn man gebrauchte Schuhe kauft oder lieber etwas billigere Inlineskates besorgt und diese dafür öfters gegen passende austauscht. Die guten Hockeyskates haben relativ dünnes Sohlenmaterial, um ein Gefühl für den Boden zu ermöglichen. Dabei wird zusätzlich durch die richtigen Einlagen einer orthopädischen Missbildung des Fußes (z.B. Plattfuß) entgegengewirkt. Durch die hohe Belastung beim Inline-Streethockey können schnell Reib- und Druckstellen entstehen, die beim normalen Inlineskaten nicht auftreten. Diese Druckstellen werden bei manchen Herstellern durch eingearbeitete Gelkissen, die gleichzeitig als Verstärkung gegen Schüsse dienen, verhindert. Man kann sie allerdings auch durch entsprechende Socken oder Schaumgummieinlagen vermeiden. Besonders an den Zehen und der Ferse, bis hoch zu den Knöcheln des Sprunggelenks, sollte der Schuh stabil gebaut sein, damit hier keine Verletzungen durch Schläger oder harte Schüsse auftreten können und damit man im Fußgelenk den nötigen Halt hat. Weitere Verstärkungen an den Schuhen oder Hartschalenschuhe (Schuhe mit einer harten Plastikschale) sind besonders auf rauen Spielbelägen zu empfehlen, da diese bei einem Sturz nicht so leicht durchgescheuert werden, wie z.B. Inlineskates mit hauptsächlich weichen Anteilen. Schuhe mit vielen Schnallen sind nicht so gut geeignet wie reine Schnürschuhe, da die Schnallen oft während des Spiels aufgehen und dadurch auch leicht beschädigt werden können. Außerdem ist durch eine abstehende Schnalle ein höheres Verletzungsrisiko für andere Spieler gegeben. Die Schiene des Inlineskates sollte nach Möglichkeit aus Metall oder aus einem anderen harten Material bestehen, um eventuelle Beschädigungen durch häufige harte Ballkontakte zu vermeiden.

Die Rollen sind für den jeweiligen Belag des Spielfeldes auszuwählen. Dabei spielt die eigene Fahrweise und das Körpergewicht eine Rolle, wie stark die Rollen abgefahren werden. Weiche Rollen haben den Vorteil, dass sie eine gute Bodenhaftung bieten, was beim Inline-Streethockey sehr wichtig ist. Gerade in Sporthallen sollten daher sehr weiche Rollen gewählt werden, auch wenn diese etwas langsamer sind als harte Rollen. Auf Beton oder auf Teer, wie z.B. auf Parkplätzen, haben die weichen Rollen einen sehr hohen Abrieb und müssen deshalb häufiger ausgetauscht werden. Harte Rollen reiben sich nicht so schnell ab und sind auch etwas schneller, da sie weniger Reibung verursachen als weiche Rollen. Durch die geringere Bodenhaftung rutscht man jedoch bei schnellen Richtungsänderungen leichter aus.

Grundsätzlich sollten die Rollen aber, wie von den meisten Herstellern empfohlen, bei allen Inlineskates regelmäßig durchgetauscht werden, um ein einseitiges Abfahren der Rollen zu verhindern. Letztendlich muss der Spieler selbst entscheiden, welche Inlineskates und Rollen er favorisiert. Diese Erfahrungen kann jeder für sich selbst nur im Spiel machen und die nötigen Konsequenzen beim nächsten Kauf von neuen Inlineskates daraus ziehen.

4.2 Ausrüstung des Feldspielers

Speziell bei der Ausrüstung der Spieler muss man wieder zwischen einem gelegentlichen Hobbyspieler und einem Turnier- oder Ligaspieler unterscheiden. Für die Teilnahme an Turnieren nach den *Inline-Streethockey-Regeln* des Deutschen Inline-Skaterverband e.V. (D.I.V.), ist eine Pflichtausrüstung vorgeschrieben. Diese besteht aus Inlineskates, Schläger, Helm, Ellbogen-, Knie- und Handschutz als Mindestschutzausrüstung. Kinder und Jugendliche unter 18 Jahren müssen außerdem einen Gesichtsschutz tragen. Zusätzlich haben alle Spieler einer Mannschaft ein gleichfarbiges Trikot mit individuellen Rückennummern zu tragen. Ein Hobbyspieler kann zwar seine persönliche Spielerausrüstung selbst auswählen, da er bei einem Spiel auf einem Parkplatz an keine Regeln gebunden ist, jedoch sollte auch er auf diese Mindestausrüstung nicht verzichten.

Der Schläger

Der Schläger kann aus verschiedenen Materialien bestehen und sollte in seinen Maßen, Bauart und Gewicht den Eishockeyschlägern entsprechen. Er wird in *Stiel*, *Schaufel* und *Schaufelferse* eingeteilt.

Der Spieler hält den Schläger, je nach Spielsituation und Aufgabe, mit einer oder beiden Händen am Stiel. Mit der Schaufel wird der Ball angenommen, gepasst, geführt, zugespielt oder geschossen. Die Schaufelferse stellt die Verbindung zwischen Stiel und Schaufel her und hat keine besondere Funktion.

Die Schaufel des Feldspielers ist dabei in der Regel etwas mehr oder weniger gebogen, um den Ball besser beherrschen zu können. Dabei liegen die Vorteile der stärker gebogenen Schaufel bei der Führung des Balls,

Foto 3: Schläger des Feldspielers

der Annahme des Passes und beim Vorhandschießen, besonders beim Handgelenkschuss. Eine gerade Schaufel ist eher für Anfänger geeignet, da damit die Ballführung, der Rückhandschuss und die Annahme des Balls mit der Rückhand einfacher werden. Die Schaufel sollte möglichst dünn, aber dennoch sehr stabil sein. Je nach Form der Schaufel unterscheidet man *linke* und *rechte Spielerschläger*. Wird der Stock beidhändig gehalten, kann man den Linkshänder vom Rechtshänder unterscheiden, wobei die untere Hand maßgebend ist. Ein Spieler, der die rechte Hand weiter unten am Stiel hält, wird demnach als Rechtshänder bezeichnet.

Die Schläger werden bei den meisten Herstellern heutzutage nach *Härtegrad* und ihrer *Biegung* unterschieden, wobei die unterschiedlichen Modelle oft durch Nummern oder Namen (die Schläger bekommen die Namen von Spielern, die in der amerikanischen Profi-Eishockeyliga mit demselben Schläger spielen) gekennzeichnet werden. Diese Schläger haben meist eine durchschnittliche Länge von 1,50 m und werden von den Spielern mit einer Säge individuell am Stiel auf ihre passende Größe gekürzt. Es gibt auch sehr billige Schläger, deren Schaufel komplett aus Kunststoff besteht und nicht gebogen ist. Ein Schläger mit Kunststoffschaufel nutzt sich zwar nicht so schnell ab, ist aber in der Regel etwas weicher als ein Schläger mit Holzschaufel, was bei Zweikämpfen an der Bande oft ein Nachteil ist, wenn die Schaufel dem Druck des gegnerischen Schlägers nachgibt. Solche Schläger sind nur für Anfänger zu empfehlen. Moderne Eishockeyschläger bieten trotz ihres geringen Gewichts eine längere Haltbarkeit bei gleich bleibender Elastizität. Wie findet man nun den richtigen Schläger für sich? Zuerst wählt man den Schläger nach der Form der Schaufel und dem richtigen Winkel der Ferse aus. Der Winkel und die Länge des Stiels werden nach der Größe und den technischen Fähigkeiten des Spielers ausgewählt. Um eine Kontrolle für den richtigen Spielerwinkel zu bekommen, umwickelt man die ganze Schlägerschaufel mit Tape und spielt längere Zeit damit. Danach kontrolliert man den unteren Teil der Schaufel. Ist das Band nur am vorderen Teil der Schaufel abgenutzt, braucht man einen Schläger mit einem höheren Winkel. Ist dagegen der hintere Teil (Ferse) stärker abgescheuert, braucht man einen Schläger mit kleinerem Winkel. Der Winkel ist korrekt, wenn man nach dem Spiel einen gleichmäßigen Abrieb an der Schaufelunterseite hat (vgl. ČAPLA 1983, 229).

Um die richtige Schlägerlänge zu ermitteln, wird dieser am Körper des Spielers abgemessen. Der Schläger wird dabei auf die Schaufelspitze gestellt, sodass er mit dem Stiel parallel zum Körper steht. Er sollte so lang sein, dass er dem Spieler auf seinen Inlineskates etwa bis zum Hals reicht, ohne Skates sollte er bis zum Kinn gehen. Der Stock wird, wie bereits beschrieben, in der Regel in einer Einheitsgröße gekauft und dann nach dieser Faustregel abgesägt, wobei man am Anfang lieber etwas zu wenig absägt und bei Bedarf noch einmal nachbessert. Manche Spieler bevorzugen einen etwas längeren Stock, um keine Einschränkungen bei der Reichweite zu haben. Technisch gute Spieler und solche, die gerne mit etwas mehr Vorlage spielen, verwenden dagegen lieber einen Schläger mit etwas kürzerem Stiel.

Jeder Schläger kann aber auch noch individuell verändert werden, sofern dies nicht gegen die Wettkampfregeln des D.I.V. verstößt. Meist wird die Schaufel mit Textilklebeband umwickelt, um sie vor Beschädigungen zu schützen und damit der Aufprall des Balls abgedämpft wird. Diese Umwicklung sollte aber nicht zu dick werden. Das Stielende kann ebenfalls mit Tape umwickelt werden oder mit einen Schutzknauf am oberen Ende des Stiels versehen werden. Dies erhöht die Grifffestigkeit, wodurch der Schläger besser gehalten werden kann. Gleichzeitig wird die Verletzungsgefahr dadurch herabgesetzt.

Es gibt teure und weniger teure Schläger. Ein teurer Schläger beinhaltet nicht die Garantie, dass er nicht schon beim ersten Gebrauch bricht. Wer also nur gelegentlich spielt, sollte sich eher einen preisgünstigen und stabilen Schläger kaufen. Ein Anfänger wird die feinen Unterschiede bei den Schlägern, die letztendlich auch den Preisunterschied ausmachen, nicht bemerken.

Der Helm

Der Helm muss, wie auch der Rest der Ausrüstung, für den Turnierbetrieb in der vorliegenden Form industriell als Serie gefertigt und käuflich erwerbbar sein und darf nicht verändert werden. Dabei kann jeder beliebige, für das Eishockey zugelassene Helm genutzt werden.

Foto 4: Der Helm des Feldspielers

Der Helm bietet einen wichtigen Schutz bei Kollisionen mit dem Gegner, Stockschlägen und Stürzen auf den Kopf. Ein Gesichtsschutz aus einem Gitter oder einer Kunststoffscheibe ist dabei empfehlenswert. Bei Kindern und Jugendlichen unter 18 Jahren gehört ein das gesamte Gesicht überdeckender Schutz zur Pflichtausrüstung bei Turnieren, um Verletzungen durch Schüsse oder Schläge ins Gesicht zu vermeiden. Eine Kunststoffscheibe hat aber den Nachteil, dass sie durch Schwitzen leicht anlaufen kann und somit die Sicht behindert. Es werden zwar Sprays von verschiedenen Herstellern angeboten, die ein Anlaufen der Scheibe verhindern sollen, bei längeren Pausen auf der Spielerbank sind jedoch auch diese wirkungslos. Ein Visier aus Kunststoff ist insgesamt viel pflegeaufwändiger und kann auch leicht zerkratzt werden, wodurch die Sicht eingeschränkt wird. Der Helm muss laut den Inline-Streethockey-Regeln des D.I.V. über einen Kinnriemen verfügen, der während des Spiels geschlossen ist und nicht weiter als 3 cm von der Körperoberfläche absteht.

Der Ellbogenschutz

Foto 5: Der Ellbogenschutz des Feldspielers

Der Ellbogenschutz sollte fest sitzen, aber auch genügend Beweglichkeit im Ellbogengelenk bieten, um die Stockhandhabung nicht zu beeinträchtigen. Es können spezielle Eishockeyschoner mit einer sehr hohen Beweglichkeit oder normale Ellbogenschoner für das Inlineskaten genutzt werden. Besonders bei Anfängern ist der Ellbogenschutz wichtig, da deren Stürze sehr oft nach hinten erfolgen und somit meist auf dem Ellbogen enden. Dabei sind nicht nur Schürfwunden, sondern auch Frakturen des Ellbogens möglich, sofern dieser nicht durch gute Protektoren geschützt ist.

Der Knieschutz

Wenn man schon Knieschützer vom Inlineskaten hat, kann man diese auch für das Inline-Streethockey nutzen. Sie sollten ebenfalls nicht rutschen und das Knie ganz bedecken. Da die Knieschützer sowohl Schutz bei Stürzen bieten, zudem aber auch vor Schlägen mit dem Schläger und scharf geschossenen Bällen schützen, sollte auf sie in keinem Fall verzichtet werden.

Es ist sogar ratsam, sich Beinschienen, wie sie beim Eishockey verwendet werden, zu besorgen, auch wenn diese etwas teurer sind als Knieschoner. Sie bieten dafür aber auch ausreichend Schutz für die Schienbeine, die besonders bei Zusammenstößen mit dem Gegner oder dessen Schläger sehr leicht verletzt werden.

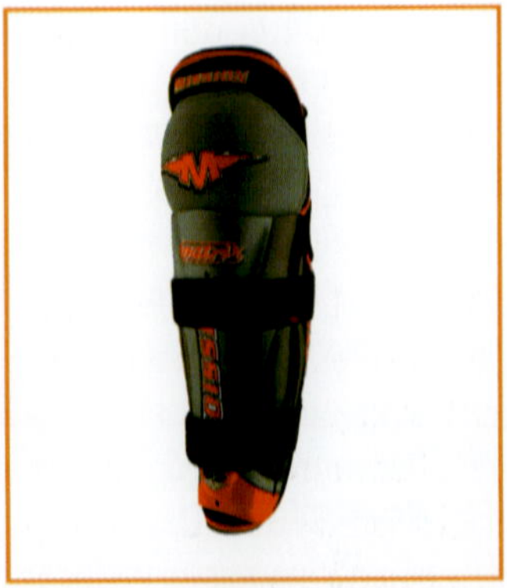

Foto 6: Die Beinschienen des Feldspielers

Die Beinschienen sind für die jeweilige Schienbeinlänge auszuwählen. Sie sollten kurz oberhalb des Knöchels beginnen und bis 10-15 cm über das Knie reichen.

Größe (Inch/cm)	Körpergröße
8"/20 cm	100 – 110 cm
9"/23 cm	110 – 120 cm
10"/25 cm	120 – 130 cm
11"/28 cm	130 – 140 cm
12"/30 cm	140 – 150 cm
13"/33 cm	150 – 160 cm
14"/36 cm	160 – 170 cm
15"/38 cm	170 – 180 cm
16"/41 cm	180 – 190 cm
17"/44 cm	190 cm + >

Tab. 1: Beinschienengröße nach Körpergröße

Dabei muss das Knie genau in der dafür vorgesehenen Mulde liegen. Am besten ist es, wenn man diese Schoner vor dem Kauf erst anprobiert, um die passende

Größe für sich zu finden. Manche Beinschienen lassen sich mit Klettverschlüssen befestigen, andere müssen mit Klebeband oder anderen Hilfsmitteln fixiert werden. Über diese Schützer können auch noch so genannte *Stutzen* (lange, weite Strümpfe ohne Fußteil) gezogen werden, um eine schnelle Abnutzung zu verhindern. Die Stutzen werden durch so genannte *Strapse* befestigt. Besonders auf Beton oder Teerflächen ist es sinnvoll, über alle Schützer noch alte Kleidung zu ziehen, um sie etwas zu schonen.

Der Handschutz

Foto 7: Die Handschuhe des Feldspielers

Als Handschutz ist ein Handgelenkschutz, wie man ihn beim Inlineskaten trägt, nicht zu empfehlen. Er behindert durch seine Plastikplatte in der Handfläche bei der Handhabung des Schlägers. Außerdem sind die Finger nicht vor Stockschlägen und Abschürfungen geschützt. Hier lohnt es sich, richtige Eishockey- oder Streethockey-Handschuhe zu kaufen. Sie bieten sowohl einen guten Handgelenkschutz bei Stürzen als auch ausreichenden Schutz gegen Balltreffer und gegnerische Stockkontakte, die im Spiel schnell vorkommen können. Hinzu kommt, dass bei Streethockey-Handschuhen der verletzungsanfällige Daumen noch extra durch eine zusätzliche Metallplatte geschützt ist.

Die Handschuhe bestehen meist aus Leder und Kunststoff, welcher als Obermaterial zu einer Gewichtsersparnis beiträgt. Die Innenflächen der Handschuhe sind meist aus strapazierfähigem und geschmeidigem Leder gefertigt, um nicht so schnell durchgerieben zu werden und um die Griffigkeit am Schläger zu erhöhen. Streethockey-Handschuhe sind ab ca. 50,- € zu bekommen. Auf Beton- oder Teerbelägen können die Handschuhe bei Stürzen sehr schnell durchgewetzt werden. Hier kann man mit Tape Löcher im Außenmaterial reparieren oder besonders anfällige Bereiche verstärken, bevor sie ein Loch bekommen.

Empfohlene Zusatzausrüstung

Zusätzlich zur minimalen Pflichtausrüstung, die für die Teilnahme an Turnieren oder dem Ligabetrieb des D.I.V. vorgeschrieben ist, gibt es noch weitere empfehlenswerte Ausrüstungsgegenstände, die bisher noch nicht erwähnt wurden. Wer sich schon einmal ein Eishockeyspiel angesehen hat, stellt fest, dass die Spieler noch zusätzliche Schutzausrüstung tragen, die beim Inline-Streethockey nicht zwingend vorgeschrieben ist. Darunter fällt zum Beispiel der Tiefschutz, der nicht nur vor Stockschlägen, sondern vor allem auch vor ungewollten Balltreffern schützt.

Zusätzlich zum Tiefschutz bietet eine gepolsterte Schutzhose, wie sie Eishockeyspieler tragen, auch noch Schutz bei Stürzen und bewahrt den Spieler vor so manchem blauen Fleck. Als Alternative dazu gibt es auch von einigen Herstellern beinlange „Inline-Hosen" zu kaufen, die sogar über den Beinschienen getragen werden. Diese Schutzhosen sollten lieber etwas zu groß als zu klein sein, denn es ist besser, zwischen Schützern und Körper noch ein wenig Luft zu haben (vgl. ČAPLA 1983, 235).

Foto 8: Die Inline-Streethockey-Hose des Feldspielers

Wer keinen Helm mit Gesichtsschutz trägt, sollte sich für die Zähne einen Gebissschutz besorgen. Durch einen Schuss mit dem Ball oder auch bei Stürzen können schnell schmerzhafte Verletzungen im Zahnbereich auftreten. Ein Zahnschutz ist allerdings gewöhnungsbedürftig, da er etwas bei der Atmung behindert. Für den Oberkörper gibt es noch verschiedene Brust- und Schulterpanzer aus dem Eishockeybereich zu kaufen, die den Spieler bei Stürzen, Zusammenstößen und vor Schüssen schützen. Dieser Schulterschutz aus Plastik reicht vom Oberarm bis zum Ellbogen und schirmt vorne die Brust und hinten die Schulterblätter ab.

Tipps zur Ausrüstung

Auf den letzten Seiten wurden die einzelnen Ausrüstungsgegenstände für den Feldspieler genau beschrieben. Die Tabelle stellt noch einmal zusammen, welche minimale Ausrüstung ein Turnierspieler tragen muss und welche zusätzliche Ausrüstung empfehlenswert ist.

Nach den Regeln des D.I.V. für Turniere und den Ligabetrieb vorgeschriebene **Pflichtausrüstung** des Feldspielers	Weitere, für den Spielbetrieb **empfohlene Schutzausrüstung** des Feldspielers
• Inlineskates • Schläger • Helm mit Gesichtsschutz • Ellbogenschutz • Knieschutz • Handschutz • Trikot mit Spielernummer	• Zahnschutz • Handschuhe • Schulterschutz • Protektorhosen • Tiefschutz • Beinschienen • Stutzen mit Strapsen oder Inline-Streethockey-Hose

Tab. 2: Ausrüstungsgegenstände des Feldspielers

Da eine komplette Spielerausrüstung in der Regel nicht gerade billig ist, sollte sie auch dementsprechend pfleglich behandelt werden. Das heißt nicht, dass man beim Spiel nur sehr vorsichtig fahren soll, um Kollisionen und Stürze zu vermeiden, damit die Ausrüstung nicht beschädigt wird. Gerade dafür wird eine solche Schutzausrüstung ja genutzt, um die Verletzungen im Spiel, die durch unvermeidbare Stürze und Treffer verursacht würden, zu vermeiden. Trotzdem kann man die Schützer durch das Tragen von alter Sportbekleidung oder speziellen langen Inlinehockey-Hosen etwas vor Abrieb und Kratzern schützen, was die Lebensdauer der Protektoren durchaus erhöht.

Die gesamte Ausrüstung sollte regelmäßig auf Mängel untersucht werden, da fehlerhafte Teile nicht mehr den nötigen Schutz bieten und eventuell sogar andere Spieler gefährden können. Wichtig ist auch, die Schutzausrüstung und Spielerbekleidung nach jeder Benutzung wieder aus der Sporttasche zu nehmen und sie zum Trocknen aufzuhängen, da sie im feuchten Zustand schnell schimmelt oder rostet (Nieten an den Schuhen). Die Einlagen in den Skates sollten dabei auch zum Trocknen aus dem Schuh herausgenommen werden.

Die Kugellager der Inlineskates müssen, besonders, wenn man viel im Freien spielt, auf Verschmutzungen kontrolliert und gegebenenfalls mit einem Lappen gereinigt werden. Dazu können die Kugellager aus den Rollen entfernt werden (gleich beim Kauf Informationen darüber einholen).

Foto 9: Pflichtausrüstung und empfohlene Schutzausrüstung

Man reinigt und pflegt die Rollen mit einem speziellen Reinigungsöl für Kugellager. Dabei darf man die Kugellager nicht zu stark einölen, da das Öl sonst wieder austritt und auf die Rollen gelangen kann, wodurch man sehr leicht ausrutscht.

Protektoren aus Plastik sollten nicht lange in der Sonne liegen, um das Material nicht unnötig zu strapazieren. Gegen den allmählich immer stärker werdenden Gestank der Ausrüstung gibt es allerdings nicht sehr viele Mittel. Die Gebrauchsanweisung der Hersteller gibt oft Aufschluss darüber, wie die Schutzausrüstung noch weiter gepflegt oder gereinigt werden kann. Grundsätzlich ist aber auch die beste Schutzausrüstung keine Garantie für ein verletzungsfreies Spiel. Daher sollte jeder Spieler immer im Bereich seiner technischen und konditionellen Möglichkeiten bleiben, um sein Verletzungsrisiko gering zu halten.

4.3 Ausrüstung des Torwarts

Die Ausrüstung des Torwarts beim Inline-Streethockey ist mit der eines Eishockeytorwarts zu vergleichen. Es gibt allerdings auch eine spezielle Streethockey-Torwartausrüstung, die etwas robuster gebaut ist als die Ausrüstung eines Eishockeytorwarts, da sich sonst das Material auf Betonflächen zu stark abnutzt. Nach den Regeln des D.I.V. darf der Torwart einer Inline-Streethockey-Mannschaft sämtliche im Eishockey zulässige Schutzausrüstung tragen. Jede Wettkampfmannschaft hat einen Torwart zu bestimmen, jedoch kann auch ein Feldspieler diese Aufgabe übernehmen.

Bei Hobbyspielen findet man selten einen Torwart mit entsprechender Ausrüstung, da diese in der Regel sehr teuer ist. Hier übernimmt meistens ein Feldspieler diese Aufgabe oder man einigt sich darauf, dass bei zu wenigen Spielern an Stelle eines Torwarts ein anderer Gegenstand (z.B. ein Kastenteil oder eine Kiste) in das Tor gestellt wird, um zu leichte Treffer und Fernschüsse zu verhindern. Auch mit kleineren Toren erzielt man diesen Effekt.

Sollte ein Feldspieler in das Tor abgestellt werden, so muss ihm bewusst sein, dass er nicht die gleichen Protektoren wie ein Torwart unter seinem Trikot trägt und deshalb nicht zu viel bei der Abwehr von Bällen riskieren sollte.

Foto 10: Schutzausrüstung des Torwarts und des Feldspielers im Vergleich

Zur Ausrüstung des Torwarts gehören Helm mit Vollgesichtsschutz (Maske oder Gitter) oder Vollvisier, Beinschienen, Protektorhose, Tiefschutz, Brustschutz, Armschutz, Schulterschutz, *Fanghand*, *Stockhand* und ein spezieller Torwartschläger. Viele der Ausrüstungsgegenstände sind mit denen des Feldspielers vergleichbar, jedoch sind sie in der Regel stärker gepolstert, da sie den Torwart vor Verletzungen durch harte Schüsse bewahren sollen.

Helm mit Vollgesichtsschutz oder Vollvisier

Foto 11: Der Helm des Torwarts mit Halsschutz

Der Helm des Torhüters ist stabiler als der eines Feldspielers und muss über ein Vollvisier oder einen Vollgesichtsschutz (Maske/Gitter) verfügen, wobei sichergestellt sein muss, dass kein Schlägerblatt oder Stockende durch den Gesichtsschutz passt. Wichtig ist hier auch der nötige Schläfenschutz des Helms und ein vollständiger Nacken- und Kehlkopfschutz.

Beinschienen

Foto 12: Die Beinschienen des Torwarts

Besonders bei den Beinschienen ist der Unterschied zwischen Feldspieler und Torwart deutlich zu erkennen. Die Beinschienen des Torwarts sind aus Leder und sehr stark gepolstert (ca. 3 cm). Speziell für Inline-Streethockey gibt es auch Beinschienen, die mit Plastik überzogen sind, um den starken Abrieb auf Teer zu verhindern.

Sie werden ebenfalls in unterschiedlichen Längen angeboten und sollten vor dem Kauf auf jeden Fall anprobiert werden. Da sie sehr teuer sind, lohnt es sich für einen Hobbyspieler auf jeden Fall, wenn er sich zunächst, wenn möglich, gebrauchte Torwartbeinschienen besorgt. Die Beinschienen sollten einen guten Ristschutz bieten und im Kniebereich eine hohe Beweglichkeit aufweisen (vgl. ČAPLA 1983, 237).

Protektorhose und Tiefschutz

Der Torwart trägt in etwa die gleiche Hose wie die Feldspieler, nur, dass sie etwas mehr gepolstert ist, um vor harten Schüssen zu schützen. Die Torwarthose muss locker sitzen, um ihn nicht bei seiner Tätigkeit einzuschränken. Auf eine gut sitzende Torwartausrüstung ist immer zu achten, da Mängel an der Ausstattung die ganze Torwarttechnik beeinflussen (vgl. ČAPLA 1983, 237). Die Protektorhose muss Oberschenkel, Steißbein, Hüfte und Nieren durch Polster schützen. Der Tiefschutz des Torwarts ist etwas größer und dicker als derjenige der Feldspieler. Einerseits muss der Torwart nicht so viel laufen, weshalb ihn ein größerer Tiefschutz nicht so stark behindert, andererseits braucht er aber einen stabileren Schutz aufgrund der harten Schüsse.

Brust-, Arm- und Schulterschutz

Wie beim Feldspieler ist auch beim Torwart der Brust- und Schulterschutz miteinander kombiniert. Allerdings ist auch hier der Brustschutz viel stärker und reicht vom Hals bis zum Tiefschutz, um den Torwart vor Schüssen zu schützen. Deshalb darf der Halsausschnitt auch nicht zu groß sein. Es muss ein lückenloser Schutz vom Helm bis zu den Zehenspitzen gewährleistet sein. Der Brustschutz ist aufgrund seiner Fläche eines der wichtigsten Abwehrmittel des Torwarts und muss deshalb eine gute Polsterung aus Schaumgummi besitzen und die richtige Größe haben (vgl. ČAPLA 1983, 236).

Foto 13: Der Brust-, Arm- und Schulterschutz des Torwarts

Der Armschutz entspricht in etwa einem übergroßen, sehr gut gepolsterten Ellbogenschutz, der die ganze Armaußenseite abdeckt. Er darf auch beim Torwart nicht rutschen und sollte diesen nicht in seiner Beweglichkeit in den Armen beeinflussen.

Torwarthandschuhe

Foto 14: Die einzelnen Ausrüstungsgegenstände des Torwarts

Der Torwart trägt zwei verschiedene Handschuhe: einen gepolsterten Stockhandschuh, auch *Stockhand* genannt und einen gepolsterten Fanghandschuh für die *Fanghand*.

Der Handschuh der Stockhand besteht aus einem normalen Fingerhandschuh mit gepolstertem Daumen, der volle Beweglichkeit zulässt und mit dem der Stock sicher gehalten werden kann. Am Handrücken befindet sich eine überstehende, gepolsterte Platte, mit welcher der Torwart den Ball ebenfalls abwehren kann. Die Größe der Platte muss dabei den Regeln entsprechen. An der Fanghand befindet sich ein Fanghandschuh, ähnlich wie ein Baseballhandschuh. Er ist eine Verlängerung der Hand in Korbform, mit einer starken Polsterung am Handgelenk. In diesem Korb wird der Ball gefangen.

Torwartschläger

Der Torwartschläger unterscheidet sich vom Schläger des Feldspielers vor allem durch seine Form und Maße. Da ihn der Torwart mehr zum Abwehren von Torschüssen als zum Spielen verwendet, ist er im unteren Teil viel breiter. Auch hier sind keine selbst gebastelten Schläger erlaubt. Die Torwartschläger müssen, wie alle anderen Ausrüstungsgegenstände, nach den Regeln des D.I.V. in vorliegender Form industriell als Serie gefertigt und käuflich erwerbbar sein.

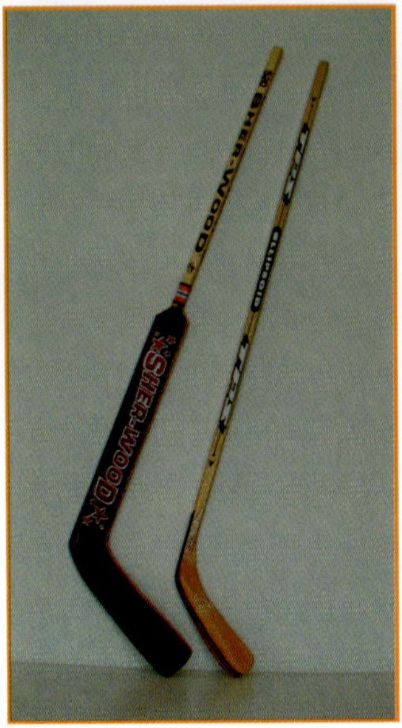

Foto 15: Vergleich des Torwartschlägers mit dem Spielerschläger

Er besteht aus Stiel, verbreitertem Teil des Stiels, Schaufel und Schaufelferse. Auch die Torwartschläger der verschiedenen Hersteller werden nach Biegung, Härte und Länge des verbreiterten Schafts unterschieden. Dabei werden auch hierfür meist Namen von Profispielern oder Nummern für die Schlägerbezeichnung genutzt. Der Torwart hält den Stock, außer beim Spielen der Scheibe, nur mit der Stockhand am Stiel. Dabei dient der verbreiterte Teil des Stiels zum Abwehren gehobener Schüsse, die Schaufel zum Auffangen oder Abwehren niedriger Schüsse. Die Schaufel ist dafür etwas höher als die eines Spielerschlägers. Sie ist aber auch für die verschiedenen Spieler nach rechts (Linkshänder) oder links (Rechtshänder) gebogen. Die Schaufelferse stellt die Verbindung zwischen Stiel und Schaufel her. Hier können die Schläger unterschiedliche Winkel haben. Die Torwartschläger sind dabei aufrechter als die Spielerschläger.

Um den richtigen Torwartschläger zu finden, wird lediglich auf den Winkel und die Länge des verbreiterten Teils des Stiels geachtet. Die Wahl des Schlägers hängt also von der Torwartgröße und seiner Technik ab. Es ist sinnvoll, am Torwartschläger die Schaufel, den unteren breiten Teil des Stiels und den Kopf, also das obere Ende des Stiels, mit einem Textilklebeband zu umwickeln, um einen besseren Halt zu erreichen (vgl. ČAPLA 1983, 225f.).

Tipps zur Ausrüstung

Die Ausrüstung des Torwarts ist für ihn wie eine Versicherung vor Verletzungen. Er kann zwar trotz seiner vielen Polster noch einige blaue Flecken bekommen, jedoch werden die meisten Schüsse und Zusammenstöße mit Gegnern ausreichend abgefangen. Besonders der Torwart sollte deshalb auf die Pflege seiner Ausrüstung achten, noch dazu, weil seine Ausrüstung weitaus teurer ist als die eines Feldspielers. Auch die Torwartausrüstung muss nach jeder Benutzung ausreichend getrocknet werden, um Schäden am Material zu verhindern.

Zusätzlich sollte die Ausrüstung regelmäßig auf Schäden untersucht werden, um ihre uneingeschränkte Einsatzbereitschaft zu gewährleisten. Brüchige Stellen oder tiefe Schrammen in den Protektoren können die eigene Gesundheit oder die eines anderen Spielers genauso gefährden wie abstehende oder lockere Teile. Defekte Ausrüstung sollte umgehend repariert oder ersetzt werden. Letztendlich sollte es jedem Spieler wert sein, für seine Gesundheit ein paar Euro mehr in eine bessere Ausrüstung zu investieren.

4.4 Bälle, Spielfeld und Tore

In welcher Form und wo man Inline-Streethockey spielt, kann jeder Spieler selbst entscheiden. Ob als Wettkampfsport oder als reiner Freizeitsport, Inline-Streethockey bietet für jeden Geschmack reichlich Auswahlmöglichkeiten. Jedoch ist man als Wettkampfteilnehmer oder -ausrichter, im Gegensatz zum Hobbyspieler, an die Regeln für Inline-Streethockey des D.I.V. gebunden. Dies macht sich nicht nur bei der Spieler- und Torwartausrüstung, sondern auch bei der Wahl der Spielbälle, des Spielfeldes und der Tore bemerkbar, wie im anschließenden Teil gezeigt wird.

Ball

Im Gegensatz zum Inline-Hockey wird beim Inline-Streethockey genauso wie beim Inline-Skaterhockey mit einem Ball und nicht mit einem Puck gespielt. Im Freizeitsportbereich kann dafür jeder beliebige Ball genutzt werden. Er sollte in etwa so groß wie ein Tennisball sein und möglichst wenig springen. Es empfiehlt sich aber auch für gelegentliche Hobbyspieler, sich einen den Regeln des D.I.V. entsprechenden Inline-Streethockey-Ball in einem Fachgeschäft zu besorgen, da diese optimale Spieleigenschaften aufweisen und nicht sehr teuer sind. Ein solcher Ball muss gut sichtbar sein (meist orange), sein Durchmesser sollte, bei einem Gewicht von maximal 85 g, zwischen 6,35 cm und 7 cm betragen. Er soll aus nachgebendem Material (weich oder hart) sein. Es gibt flüssigkeits- oder gelgefüllte Bälle und Bälle, in denen nur Luft ist. Die flüssigkeitsgefüllten Bälle haben den großen Vorteil, dass sie weniger leicht springen, was bei den luft- und gelgefüllten Bällen schneller vorkommen kann. Dadurch sind diese Bälle etwas leichter zu stoppen und nach einem gewollten oder ungewollten Abheben vom Boden auch schneller wieder unter Kontrolle zu bringen. Die gelgefüllten Bälle sind in der Regel die schwersten und härtesten Bälle.

Inline-Streethockey-Spielfeld

Immer häufiger kann man im Sommer auf den verschiedensten Plätzen Turnier- oder Hobby-Inline-Streethockey-Spiele beobachten. Ob auf einem leeren Parkplatz, in einer verkehrsberuhigten Zone, in Sackgassen, in Höfen oder in Turnhallen und auf abgetauten Eishockeyspielflächen, das Spiel ist so gut wie überall möglich, sofern man genug Platz hat und dabei Unbeteiligte nicht belästigt oder gefährdet. Ebenso muss eine Beschädigung von Gegenständen (Autos, Fahrräder, Fenster) auf jeden Fall vermieden werden.

Für Hobbyspiele sollte die Spielfläche, je nach Anzahl der Spieler, etwas größer oder kleiner sein. Nach den Regeln des D.I.V. muss ein Spielfeld für den Wettkampfbetrieb mindestens 10 x 20 m groß sein und darf maximal die Ausmaße 20 x 40 m aufweisen. Als optimal gelten Spielfeldgrößen von 15 x 30 m bis 20 x 40 m. Es müssen neben vier Bullypunkten und einem Anstoßpunkt auch noch eine 2 cm breite Mittellinie und die beiden Torlinien vorhanden sein.

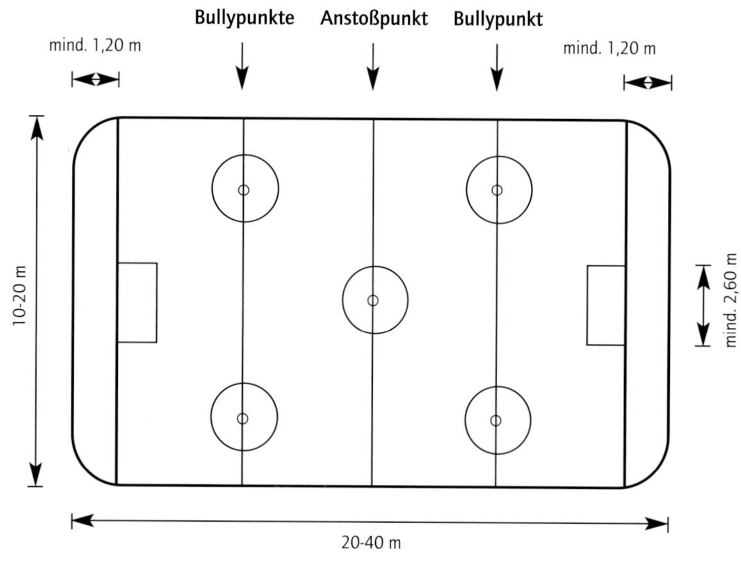

Abb. 1: Das Spielfeld

Vor den Toren ist eine rechtwinkliger oder halbkreisförmiger Torraum durch Linien markiert. Der Mindestabstand dieser Linien sollte 130 cm zum Mittelpunkt der Torlinie betragen. An den Außenseiten ist das Spielfeld durch eine Bande, die nicht niedriger als 20 cm sein darf, begrenzt. Die Bande muss zum Spielfeld hin glatt sein, damit der Ball daran abprallt und darf die Spieler nicht gefährden. In Turnhallen ohne Banden bietet es sich für Freizeitspieler an, in die Ecken Langbänke als Bande aufzustellen, damit der Ball nicht in die Ecken rollen kann und dort liegen bleibt.

Alle unnötigen und beweglichen Gegenstände, wie Fußballtore, Turngeräte und Bänke, sollten bei Spielen in Sporthallen ohne Bande aus Sicherheitsgründen entfernt werden. Der Spielfeldbelag sollte grundsätzlich eben und trocken sein, damit der Ball gleichmäßig rollt und die Spieler nicht auf einem nassen Boden mit den Skates ausrutschen. Der Belag kann aus Teer, Stein, Beton oder anderen Materialien sein. In Sporthallen findet man oft Linoleum- oder Holzböden, worauf ebenfalls bedenkenlos gespielt werden kann, sofern die Inlineskates den Regeln entsprechen und keinerlei harte Teile abstehen.

Tore

Um Inline-Streethockey auf einem Parkplatz oder in einer Turnhalle zu spielen, braucht man im Prinzip keine besonderen Tore. Hier kann man der Fantasie freien Lauf lassen. Ob man auf eine Obstkiste, einen umgedrehten Fahrradständer, ein selbst gebasteltes Tor oder ein den Regeln des D.I.V. entsprechendes Tor spielt, ist im Freizeitsportbereich nicht so wichtig. Zur Not lassen sich auch zwei Mülltonnen oder zwei Pylonen als Tore einsetzen, wenn man die maximale Schusshöhe für einen gültigen Torschuss vorher festlegt. Es sollten aber keine Materialien eingesetzt werden, die zu Verletzungen führen können.

Ein den Inline-Streethockey-Regeln entsprechendes Tor für Spiele mit Torhüter, sollte 1,80 m breit, 1,20 m hoch und 50 cm tief sein (*Pro Series-Tor*). Es wird auch auf reguläre Eishockeytore (1,83 m Höhe, 1,22 m Breite und 0,50 m Tiefe) gespielt. Streethockey-Tore gibt es von verschiedenen Herstellern mit unterschiedlichen Techniken zum Auf- bzw. Abbau. Sie bewegen sich in der Preisklasse von ca. 70 - 200,- €, wobei der Preisunterschied in der Regel mit der Stabilität des Gestänges und des Netzes zusammenhängt. Hinter den Toren muss auf jeden Fall eine Durchfahrt von 1,20 m zwischen dem Tor und der Spielfeldbegrenzung frei bleiben (vgl. Abb. 1). Auch bei Spielen im Freizeitsportbereich sollte hinter den Toren eine solche Durchfahrt freigehalten werden, um den Spielern genügend Auslauf nach hinten zu gewährleisten, damit die Verletzungsgefahr heruntergesetzt wird.

Foto: Powerslide

5 SKATING-TECHNIK

Der Reiz des Inline-Streethockeys liegt in der Faszination des Skatens mit seinen schnellen Spurts und spektakulären Ausweich- und Bremsmanövern einerseits und den technisch-taktischen Anforderungen des Spiels mit seinen trickreichen Finten und elegant herausgespielten Torsituationen andererseits. Neben den spezifischen technisch-taktischen Fertigkeiten muss ein erfolgreicher Inline-Streethockey-Spieler über grundlegende Skating-Techniken verfügen. Dazu zählen neben der Grundstellung und den verschiedenen Fall- und Bremstechniken vor allem die Techniken des Vorwärts- und des Rückwärtslaufens sowie des Wendens. Anfänger sollten zunächst die Grundstellung und verschiedene Fall- und Bremstechniken einüben, um dann, beim Erlernen der eigentlichen Lauftechniken, im Sinne der Verletzungsprophylaxe, schnell bremsen oder, wenn nötig, auch verletzungs- und schmerzfrei fallen zu können. Die folgende Abbildung zeigt die für ein Spiel wichtigsten Skating-Techniken in der zu erlernenden Reihenfolge. Dabei werden parallel zum Starten die ersten Bremstechniken erlernt. Weitere, technisch schwierigere Bremstechniken sollten dagegen erst im weiteren Verlauf erlernt und trainiert werden.

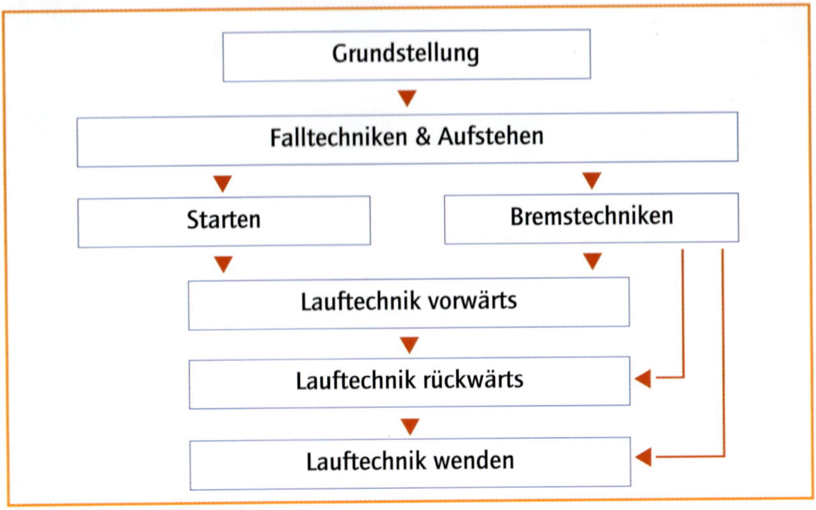

Abb. 2: Die wichtigsten Skating-Techniken im Inline-Streethockey-Spiel

Freizeitorientierte Sportler, mit Ambitionen möglichst schnell auch Inline-Streethockey zu spielen, erlernen häufig in nur wenigen Stunden die Grundtechniken des Skatens in ihrer Grobform. So können sie in kürzester Zeit bereits mit dem eigentlichen Spiel zumindest unter erleichterten Bedingungen, z.B. ohne Körperkontakt oder als Überzahlspiel, beginnen.

Da Inlineskates im Sinne der Straßenverkehrsordnung (StVO) zumindest in Deutschland und Österreich zu den Sport- und Spielgeräten zu zählen sind, gelten Inlineskater als Fußgänger und müssen den Bürgersteig benutzen. Skating auf Radwegen und Straßen ist tabu. Neben den Bürgersteigen gehören noch Wohn- und Spielstraßen und kombinierte Geh- und Radfahrwege zum Revier der Skater. Aber auch hier haben diese genauso wie auf den Bürgersteigen darauf zu achten, dass sie weder Fußgänger noch andere Personen behindern oder gefährden. Ein Skater braucht auch bei vorsichtigem Fahrverhalten immer mehr Raum als ein Fußgänger. So sollte er sich gerade zu Beginn ein möglichst freies und ebenes Trainingsrevier mit möglichst glattem Belag (z.B. Hallensportboden; glatter Asphalt) aussuchen.

5.1 Grundstellung

Foto 16: Grundstellung des Inlineskatings

Auch auf Inlineskates ist aller Anfang schwer. So sollte man zunächst eine sichere und zugleich bewegungsaktive Grundstellung erlernen, bevor man das eigentliche Skaten mit seinen verschiedenen Techniken übt. Es existieren verschiedene Grundstellungen, welche sich in ihrer Stellung der Inlineskates zueinander unterscheiden.

Dabei können die Skates nebeneinander (Parallelstellung), versetzt hintereinander (Brems- oder Stopperstellung) oder in V-Stellung stehen. Die Letztgenannte ist am leichtesten zu erlernen und wird auch in den meisten Fällen von Anfängern bevorzugt.

Dabei stehen die Füße schulterbreit in einer leichten V-Position auseinander, wobei die Fersen zueinander zeigen. Die Sprung-, Knie- und Hüftgelenke sind leicht gebeugt, die Arme werden bei angewinkeltem Ellbogen in Seitvorhalte gehalten und der Oberkörper befindet sich in einer leichten Vorlage. Der Kopf ist aufrecht und der Blick zeigt geradeaus. Aus dieser Grundstellung heraus kann der Inlineskater alle weiteren Techniken, wie z.B. Starten, Skaten und Fallen, ausführen. Dabei sollte er versuchen, immer möglichst locker und entspannt den Körperschwerpunkt über den Skates zu halten. Durch die Beugung der Sprung-, Knie- und Hüftgelenke ist der Inlineskater zum einen auf Bewegungen in alle Richtungen vorbereitet und zum anderen ist sein Körperschwerpunkt bereits abgesenkt, wodurch sich die Fallhöhe verringert.

5.2 Fall- und Aufstehtechniken

Beim Inline-Streethockey sind Stürze keine Seltenheit, wobei die meisten jedoch glimpflich verlaufen. Um möglichst schmerz- und verletzungsfrei zu fallen, muss der Inline-Streethockey-Spieler nicht nur eine entsprechende Schutzausrüstung tragen, sondern er sollte von Beginn an auch das Fallen ganz bewusst erlernen und trainieren. Dabei muss sich ein Skater von Grund auf umgewöhnen. Während man bei einem Sturz aus dem Laufen versucht, gerade nicht auf die verletzungsgefährdeten Gelenke zu fallen, werden diese beim Skaten, da geschützt, ganz bewusst als Aufprallpunkte eingesetzt. Dabei wird das *Fallen nach vorne*, zur *Seite* und *nach hinten* unterschieden. Alle Formen haben gemeinsam, dass man versuchen sollte, durch Beugung der Sprung-, Knie- und Hüftgelenke seinen Körperschwerpunkt abzusenken, um die Fallhöhe zu verringern. Aus demselben Grund sollte das Erlernen des Fallens bei etwas ängstlicheren Personen zunächst ohne Inlineskates durchgeführt werden, da so die Fallhöhe von vornherein vermindert ist. Dabei kann das Fallen zunächst aus der oben beschriebenen Grundstellung oder aus dem Gehen erfolgen.

Das Fallen zur Seite und nach hinten

Sowohl beim Fallen zur Seite als auch nach hinten sollte man immer versuchen, durch eine blitzschnelle Drehung in die Vorlage zu kommen, um nach vorne zu fallen und so die Verletzungsgefahr zu vermindern. Während dies beim Fallen zur Seite noch relativ einfach ist, gelingt eine Drehung um die halbe Körperlängsachse beim Fallen nach hinten eher selten.

So sollte man hier die Wucht des Aufpralls möglichst mit den Handgelenkschützern (*Wrist Guards*) auffangen. Dazu werden die Finger gespreizt und der Schwung durch die Arme abgefangen oder vermindert. Nur so kann eine schmerzhafte Landung auf Gesäß oder Rücken vermieden werden.

Aber auch bei Stürzen zur Seite mit hoher Geschwindigkeit ist eine Drehung häufig nicht mehr möglich. Hier sollte man versuchen, durch eine Rollbewegung des Körpers, ähnlich einer Judorolle, die Bewegungsenergie abzufangen. Im Spiel tritt der Sturz zur Seite und nach hinten sehr häufig auf. Hier kann die Verletzungsgefahr durch eine entsprechende Schutzausrüstung minimiert werden.

Das Fallen nach vorne

Das Fallen nach vorne ist aus verschiedenen Gründen deutlich weniger gefährlich als dasjenige nach hinten. So sind zum einen die Kniegelenke, im Gegensatz zum Gesäß oder zum Rücken, geschützt und zum anderen kann bei einem Sturz nach vorne der Körperschwerpunkt schneller abgesenkt werden. Zudem kann, bei einem bewussten Sturz auf die Protektoren, die Aufprallenergie weiter reduziert werden, indem man sie auf diese weiterleitet.

In der ersten Phase des Fallens nach vorne versucht man, nach dem Absenken des Körperschwerpunkts, auf die Knieschützer zu fallen. Dabei wird die Hüfte blockiert, der Oberkörper gerade gehalten und die Arme werden mit gespreizten Fingern seitlich nach vorne oben gehalten.

Erst danach fällt man auf die Ellbogenschützer, wobei der Kopf oben gehalten wird. Die Handflächen zeigen nach vorne mit weiterhin gespreizten Fingern.

In der letzten Phase wird die Bewegungsenergie noch weiter reduziert, indem der Skater auf die Handschützer fällt und, wenn möglich, die Energie auf den Boden weiterleitet. Während dieser letzten Phase ist es wichtig, dass man den Kopf in den Nacken legt und die Unterschenkel zum Gesäß hin beugt. Der Skater hat nun mit allen drei Gelenken, welche durch Protektoren geschützt sind, Bodenkontakt.

Merksätze für das richtige Fallen nach vorne:

- Körperschwerpunkt absenken!
- Zuerst auf die Knie!
- Dann auf die Ellbogen!
- Zuletzt auf die Hände!

Ist die Grobform einmal erlernt, wird das Fallen aus dem Fahren heraus und dann auch bei höheren Geschwindigkeiten geübt. Dabei sollte man sich immer wieder die richtige Reihenfolge vorsagen: **Knie, Ellbogen, Hand**. So wird auch das Fallen zu einer selbstverständlichen und antrainierten Bewegungstechnik.

Foto 17a-c: Das richtige Fallen nach vorne

Richtiges Aufstehen

Das richtige Aufstehen sollte ebenfalls gleich zu Beginn, am besten in Kombination mit dem Fallen, erlernt werden. Wer sich zu Beginn sehr unsicher auf den Inlineskates fühlt, versucht das Aufstehen zunächst auf dem Rasen oder nimmt einen Zaun oder ein Geländer zu Hilfe.

- Mit beiden Knieschützern auf den Boden knien und mit den Händen abstützen.
- Einen Fuß gerade aufstellen und neben das Knie des anderen Beins stellen.
- Eine oder beide Hände aufs Knie legen.
- Langsam etwas aufrichten und das andere Bein beisetzen.
- Erst dann den Oberkörper aufrichten.
- Stabile Grundstellung einnehmen.

Dabei muss man darauf achten, dass man beim Aufstehen nicht zu viel Körpervorlage einnimmt, da ansonsten die Skates nach hinten wegrollen.

Foto 18: Das richtige Aufstehen

5.3 Starten

Nachdem die ersten Grundlagen des Skatens – Grundstellung, Fallen und Aufstehen – erlernt wurden, beginnt man mit dem eigentlichen Skaten. Dies geschieht immer aus dem Starten heraus, wobei gerade im Inline-Streethockey das schnelle und situationsangepasste Starten von entscheidender Bedeutung ist, um gegenüber dem Gegenspieler im Vorteil zu sein.

Der Start geschieht zunächst immer aus einer Startposition heraus, in der die Beine mit einem Öffnungswinkel von 40-60° zueinander stehen. Dabei wird ein Skate leicht nach vorne gestellt, während der hintere leicht versetzt quer dahinter steht. Die Beine werden leicht gebeugt, der Blick ist geradeaus gerichtet und das Körpergewicht liegt hauptsächlich auf dem vorderen Fuß.

Beim eigentlichen Starten drückt sich der Skater nun von der Innenkante des hinteren Skates ab, indem er das Bein nach hinten außen streckt. Durch diese

Streckschubbewegung wird das Körpergewicht nun nahezu ganz auf das vordere Bein gebracht und der Skater beginnt zu gleiten. Im Anschluss daran wird das hintere Bein beigeholt und nach einer kurzen Gleitphase wird das ehemals vordere Bein zum Abstoßbein. Das Abstoßen vom hinteren Bein, auch *Stroking* genannt, wirkt zu Beginn häufig noch etwas roboterhaft. Nach nur kurzer Zeit jedoch wird die Bewegung einfacher, flüssiger und vor allem dynamischer. Spätestens jetzt wird jedem Skater die Bedeutung des Bremsens bewusst.

Beim Inline-Streethockey spielt neben dem Frontalstart auch das *seitliche Starten* eine wichtige Rolle. Dies ist technisch anspruchsvoller und wird erst zu einem späteren Zeitpunkt erlernt, wenn der Sportler bereits etwas routinierter ist. Dabei beugt man sich beim Start weit vor, stößt sich vom hinteren Bein ab und startet durch Übersetzungsschritte in die gewünschte Richtung. Wichtig für den Inline-Streethockey-Spieler ist, dass er das seitliche Starten zu beiden Richtungen erlernt und trainiert.

Foto 19: Startposition beim Skaten

Foto 20a-c: Seitliches Starten ist von spielentscheidender Bedeutung.

5.4 Bremstechniken

Zeitgleich mit dem Erlernen des Startens und des Vorwärtslaufens müssen auch die ersten Bremstechniken erlernt werden. Dabei bieten sich verschiedene Möglichkeiten an, die Geschwindigkeit zu reduzieren bzw. ganz zum Stillstand zu kommen. Man unterscheidet zwischen mechanischen (z.B. *Heel-Stopp*, *T-Stopp*) und fahrtechnischen Bremstechniken (z.B. *Turn-Stopp*, *Hockey-Stopp*, *Powerslide*).

Dabei ist vor allem das eigene Fahrkönnen, aber auch der Untergrund mit entscheidend für die richtige Bremstechnik. Beim Erlernen der Bremstechniken startet man mit einigen *Strokes* (= mehrmaliges Abstoßen), um in Schwung zu kommen, nimmt dann die Grundstellung ein und versucht, die entsprechende Bremstechnik auszuführen. Dabei sollte man langsam beginnen und dann die Geschwindigkeit kontinuierlich steigern.

Heel-Stopp

Foto 21: Heel-Stopp

Der *Heel-Stopp*, auch *Fersen-* oder *Hackenstopp* genannt, ist für viele Anfänger die klassische und einfachste Bremstechnik, um auch bei höherer Geschwindigkeit zum Stillstand zu kommen. Dabei wird zwischen dem Stopper und dem Boden eine Reibung erzeugt, welche die Geschwindigkeit entsprechend reduziert.

Je höher der erzeugte Druck, desto höher ist die Bremswirkung. Der *Heel-Stopp* erfolgt aus der Schrittstellung heraus und eignet sich sowohl zum abrupten als auch zum langsamen und dosierten Stoppen.

Bewegungsablauf

- Bremsfuß nach vorne schieben und Schrittstellung einnehmen.
- Beide Hände zur Unterstützung auf den Oberschenkel des vorderen Beins drücken.
- Standbein beugen und Absenken des Körperschwerpunkts.
- Zehen des Bremsfußes anziehen, bis der Bremsklotz Bodenkontakt hat.
- Streckung des Brems- bzw. Führungsbeins, um den Bremsdruck zu erhöhen.

T-Stopp

Der *T-Stopp* erfordert schon etwas mehr Übung, bietet aber eine gute Alternative, um dosiert das Tempo zu reduzieren. Für plötzliches, abruptes Bremsen eignet er sich nicht. Um einen einseitigen Abrieb zu verhindern, sollte man diese Bremstechnik beidseitig erlernen. Beim *T-Stopp* wird der hintere Fuß im rechten Winkel zum vorderen aufgesetzt. Die Innenseite des hinteren Skates wird nun über den Boden geschleift und dient somit als Bremse. Ein Hauptfehler zu Beginn besteht darin, dass der hintere Fuß zu früh oder nicht im rechten Winkel aufgesetzt wird. Somit erfolgt unweigerlich eine nicht erwünschte Drehung bzw. ein so genannter *Turn-* bzw. *Spin-Stopp*.

Foto 22: T-Stopp

Bewegungsablauf

- Gewichtsverlagerung auf das vordere Bein.
- Knie leicht beugen und den Oberkörper nach vorne neigen.
- Arme gebeugt in Vorhalte.
- Den hinteren Skate drehen und im 90°-Winkel zur Laufrichtung aufsetzen.
- Die Innenseite dosiert über den Boden schleifen.
- Durch Beugen des vorderen Beins die Bremswirkung verstärken.

Turn-Stopp

Foto 23: Turn-Stopp

Bei dieser Bremstechnik erfolgt die Geschwindigkeitsreduktion ähnlich wie beim alpinen Skilauf durch einen Stemmschwung mit Belastung des bogenäußeren Beins. Dabei wird, wie bei einem Zirkel, der Innenfuß fixiert und auf der Stelle gedreht. Das kreisinnere Bein dient also als Drehachse, um welches das bogenäußere Bein im Halbkreis gedreht wird. Um unfreiwillige Pirouetten und Stürze beim Erlernen dieser Technik zu verhindern, sollte man zu Beginn diese Bremstechnik mit wenig Tempo ausführen.

Bewegungsablauf

- Vorwärtslauf bei mittlerer Grätschstellung.
- Leichtes Nachaußenführen der Skates.
- Belastung liegt bei schneller Beugung auf dem Innenbein.
- Außenbein vollzieht einen Bogen.
- Körperdrehung um das fixierte, bogeninnere Bein.
- Gegendrehen und Oberkörper vorbeugen.
- Arme gebeugt in Vorhalte.
- Abschließendes Beugen des bogenäußeren Beins.

Hockey-Stopp

Der *Hockey-Stopp* ist die wohl am häufigsten angewandte Bremstechnik im Inline-Streethockey. Er ist im Prinzip ein enger, halbkreisförmiger *Turn*, bei dem die Skates parallel, aber versetzt sind. Dabei wird das bogenäußere Bein möglichst stark belastet.

Bewegungsablauf

- Aus der Geradeausfahrt mit Schwung in die Kurve.
- Knie und Hüfte beugen.
- Bogenäußeres Bein möglichst stark belasten.
- Oberkörper nach außen drehen (Gegendrehung).
- Arme gebeugt in Vorhalte.
- Blickrichtung parallel zum Oberkörper.

Powerslide

Foto 24: Powerslide (direkt nach der Drehung

Der *Powerslide* ist eine Bremstechnik für das Publikum. Er wirkt spektakulär und schwierig zugleich, aber ist bei weitem nicht so effektiv wie der *Hockey-Stopp*. Dabei vollzieht der Skater zunächst eine Drehung um 180° vom Vorwärts- zum Rückwärtslauf. Im Anschluss daran lässt er ein Bein kontrolliert zur Seite hin wegrutschen und kommt so zum Stillstand.

Bewegungsablauf

- Aus voller Fahrt eine Drehung um 180° ausführen.
- Bremsbein gestreckt zur Seite hin wegrutschen lassen.
- Standbein stark beugen.
- Schulterdrehung zur Körperöffnung hin.
- Ein Arm zeigt parallel zum Bremsbein nach hinten.
- Blickrichtung nach hinten.

5.5 Lauftechnik vorwärts

Nachdem die für das Inlineskating spezifischen Grundlagen – Grundstellung, Fallen, Aufstehen, Starten und die beiden Bremstechniken Fersenstopp und T-Stopp – erlernt sind, kann der Sportler nun beginnen, das eigentliche Skaten zunächst in seiner Vorwärtsbewegung zu erlernen. Dazu zählen das Geradeausfahren, der Bogenlauf und das Übersetzen.

Der Vorwärtslauf geradeaus

Die Fortbewegung auf Inlineskates zeichnet sich, im Vergleich zu anderen Gleit- bzw. Rollsportgeräten, wie z.B. Schlittschuhe oder Langlaufski, durch eine besonders lange Gleitphase aus. Dabei ist das Skaten an sich, im Gegensatz zum *Stroking*, ein fließender und zyklischer Bewegungsablauf zwischen Abstoßen und Gleiten bzw. Rollen. Rhythmisches Skaten bedeutet zugleich ein Schwingen von einer zur anderen Seite.

Foto 25: Skater in der Vorwärtsbewegung

Aus der bereits beschriebenen Startposition erfolgt ein Belastungswechsel und eine kräftige Streckbewegung von der Innenkante des hinteren Skates auf das vordere Gleitbein, welches auf der Außenkante aufgesetzt wird. Während der anschließenden Gleitphase schwingt der Gegenarm vor und das hintere Bein wird herangezogen und vor dem anderen aufgesetzt. Oberkörper und Knie sind leicht gebeugt und der Blick ist nach vorne gerichtet. Solange der Skater Geschwindigkeit aufnehmen will, wird die V-Stellung der Skates nicht aufgehoben. Die Streckbewegung des hinteren Beins sollte ca. im 45°-Winkel nach seitwärts außen erfolgen. Würde das Abdruckbein in Bewegungsrichtung, also geradeaus zeigen, würden die Rollen durchdrehen und keinen Vortrieb erzeugen. Besonders zu Beginn sollte man langsam und gleichmäßig skaten, bis die Bewegung sich einschleift. Durch wiederholtes vorsagen der Technik – *„abstoßen und gleiten, abstoßen und gleiten"* – wird ein rhythmisches Skaten unterstützt. Nach mehrmaligem Schwungholen ist ein längeres, beidbeiniges Gleiten möglich, wobei die Skates parallel, aber leicht versetzt, geführt werden.

Der Bogenlauf vorwärts

Inline-Streethockey-Spieler müssen sich ständig neuen Spielsituationen anpassen. Um Kurven zu fahren, stehen ihnen zwei Möglichkeiten zur Verfügung: der Bogenlauf und das Übersetzen. Beides kann in der Vorwärts- und in der Rückwärtsbewegung erfolgen. Schnelle Richtungsänderungen und Kurven mit kleinen Radien werden am einfachsten mit dem so genannten *Bogenlauf* gefahren. Aus dem beidbeinigen Gleiten heraus wird eine leichte Schrittstellung eingenommen, wobei der bogeninnere vor dem bogenäußeren Fuß steht. Bei einer Linkskurve ist also immer der linke Fuß vorne. Je höher die Geschwindigkeit ist, desto größer ist auch die Schrittstellung und umso mehr verlagert der Skater seinen Körperschwerpunkt nach unten. Im Gegensatz zum Skifahren erfolgt kein Gegendrehen des Oberkörpers; die Schulter wird vielmehr in Kurvenrichtung gedreht.

Bewegungsablauf

- Beidbeiniges Gleiten geradeaus.
- Schrittstellung einnehmen (der bogeninnere Fuß ist vorne).
- Die Belastung liegt auf der Außenkante des bogeninneren und der Innenkante des bogenäußeren Skates.
- Absenken des Körperschwerpunkts.
- Die kurveninnere Schulter ist nach innen gedreht.
- Blick in Drehrichtung.

Das Übersetzen vorwärts

Beim Übersetzen, auch *Crossover* genannt, handelt es sich um eine äußerst dynamische Kurventechnik, bei der die Geschwindigkeit beibehalten oder sogar beschleunigt werden kann. Die meisten Skater bevorzugen die Linkskurve, das heißt, das Übersetzen mit dem rechten über den linken Fuß. Das Übersetzen sollt jedoch immer in beide Richtungen trainiert werden. Nur das Übersetzen ermöglicht es dem Skater, Kurven mit hoher Geschwindigkeit zu fahren und beschert ihm aufgrund der Zentrifugalkräfte ein faszinierendes Fahrerlebnis. Bei dieser Form der Richtungsänderung erfolgt zunächst eine Gewichtsverlagerung auf den bogeninneren Fuß bei einer gleichzeitigen Streckbewegung des bogenäußeren Beins, welches in der Folge über Kreuz (= cross over) vor den bogeninneren Fuß gesetzt wird. Während des gesamten Bewegungsablaufs wird, je nach Geschwindigkeit, eine starke Kurvenschräglage des Oberkörpers beibehalten, wobei die kurveninnere Schulter nach innen gedreht wird.

Bewegungsablauf bei einer Linkskurve (das Übersetzen über den linken Skate)

- Die Belastung liegt auf der Außenkante des gebeugten, bogeninneren linken Beins.
- Das bogenäußere rechte Bein ist zurückgesetzt (Schrittstellung) und wird auf der Innenkante belastet.
- Streckschubbewegung des bogenäußeren rechten Beins.
- Völlige Gewichtsverlagerung auf die Außenkante des linken Beins.
- Abheben des rechten Skates und Beisetzen über Kreuz vor den linken Skate.
- Gewichtsverlagerung auf den rechten Skate.
- Entlastung und anschließendes Beisetzen des linken Skates innen vor den rechten Skate.
- Starke Kurvenschräglage des Oberkörpers.
- Kurveninnere Schulter leicht nach innen drehen; Arm zeigt zum Kreismittelpunkt.

Foto 26a-c: Übersetzen vorwärts

5.6 Lauftechnik rückwärts

Die Techniken des Rückwärtslaufens gehören zum Repertoire der spezifischen Inline-Streethockey-Skating-Technik. Sie bilden die Grundlage für ein effektives und erfolgreiches Abwehrverhalten, da so der Abwehrspieler den gegnerischen Angreifer immer im Auge behalten kann, obwohl er sich gleichzeitig in Richtung eigene Spielhälfte bewegt. Dabei liegt der grundlegende Unterschied zum Vorwärtslaufen darin, dass das Abrollen des Fußes und der Abdruck über den Vorderfuß erfolgen. Die Grundtechniken sind auch hier das *Geradeausfahren*, der *Bogenlauf* und das *Übersetzen*.

Die Grundstellung differiert leicht von der beschriebenen Grundstellung für den Vorwärtslauf. Sie ist insgesamt etwas kompakter, das heißt, die Fußstellung ist breiter, der Körperschwerpunkt etwas tiefer abgesenkt und Schultern und Arme sind stärker nach vorne geneigt. Der eigentliche Start erfolgt aus einer umgekehrten V-Stellung der Füße. Dazu werden die Fußspitzen nach innen und die Hacken nach außen gedreht.

Das Rückwärtslaufen geradeaus

Beim Rückwärtslaufen geradeaus, auch *Swizzeln* genannt, stößt man sich im Wechsel von dem einen Bein ab und gleitet auf dem anderen. D.h., die Skates beschreiben in ihrem Verlauf abwechselnd ein C und eine Gerade. Dabei schwingt der Oberkörper in einer rhythmischen Bewegung auf und ab.

Bewegungsablauf

- Umgekehrte V-Stellung einnehmen.
- Die Spitze des Abstoßfußes nach außen wegdrücken.
- Der Abstoßfuß beschreibt rückwärts einen Halbkreis.
- Das andere Bein strecken und rückwärts gleiten lassen.
- Die gleiche Bewegung auf der anderen Seite.
- Möglichst rhythmisches *Swizzeln* auf beiden Seiten mit deutlicher Hochtiefbewegung des Körperschwerpunkts.
- Arme pendeln locker mit.
- Regelmäßig umschauen.

Foto 27a-b: Rückwärtslauf

Der Bogenlauf rückwärts

Auch in der Rückwärtsbewegung besitzt der Inline-Streethockey-Spieler zwei Möglichkeiten des Kurvenlaufens: *Bogenlauf* und *Übersetzen*. Der Bogenlauf rückwärts erfolgt aus dem Rückwärtsgleiten. Dabei wird der Körper aufgerichtet und auf eine Seite verlagert. Der Bogenlauf rückwärts im Wechsel nach beiden Seiten ähnelt dem Wedeln des alpinen Skilaufs.

Bewegungsablauf bei einer Rechtskurve

- Beidbeiniges Gleiten rückwärts.
- Skates sind parallel.
- Körpergewicht nach rechts verlagern.
- Belastung auf die Außenkante des bogeninneren und die Innenkante des bogenäußeren Skates legen.
- Oberkörper leicht nach vorne neigen und den Körperschwerpunkt absenken.
- Kurveninnere Schulter nach innen drehen.
- Regelmäßig umschauen.

Das Übersetzen rückwärts

Das Übersetzen rückwärts erfolgt ebenso wie der Bogenlauf beidseitig. Beim Inline-Streethockey wird diese Technik vor allem von den Abwehrspielern angewandt. Dabei lehnt man sich aus dem Rückwärtslaufen in die Kurve und verlagert das Gewicht auf den hinteren, bogeninneren Skate.

Bewegungsablauf bei einer Rechtskurve (Übersetzen über den rechten Skate)

- Beidbeiniges Gleiten geradeaus rückwärts.
- Belastung liegt auf der Außenkante des gebeugten, bogeninneren rechten Beins.
- Das bogenäußere linke Bein wird auf der Innenkante belastet.
- Streckschubbewegung des bogenäußeren linken Beins.
- Völlige Gewichtsverlagerung auf die Außenkante des rechten Beins.
- Abheben des linken Skates und Beisetzen über Kreuz hinter den rechten Skate.
- Gewichtsverlagerung auf den linken Skate.
- Entlastung und anschließendes Beisetzen des rechten Skates innen hinter den linken Skate.
- Kurvenschräglage des Oberkörpers.
- Kurveninnere Schulter leicht nach innen drehen und Arme pendeln.
- Regelmäßig umschauen.

Foto 28a-c: Übersetzen rückwärts

5.7 Wenden

Wendungen (= *Turns*), sowohl von vorwärts nach rückwärts als auch umgekehrt, sind im Inline-Streethockey von grundlegender Bedeutung. Sie ermöglichen es den Spielern, sich auch bei hohem Tempo ohne Geschwindigkeitsverlust auf engstem Raum zu drehen. Ein routinierter Inline-Streethockey-Spieler sollte Wendungen sowohl aus der Vorwärts- als auch der Rückwärtsbewegung beherrschen. Um auf alle Spielsituationen schnell und adäquat reagieren zu können, sollte er zudem die Turns immer beidseitig trainieren, also zur rechten sowie zur linken Seite. Dazu stehen ihm verschiedene Techniken zur Verfügung: das *Umsteigen, Umschleifen und Umspringen.*

Umsteigen

Das *Umsteigen* basiert auf dem Belastungswechsel von einem auf den anderen Skate und wird sowohl von vorwärts nach rückwärts als auch umgekehrt durchgeführt. Dabei fährt man, je nach *Turn*, vorwärts bzw. rückwärts mit parallelen oder leicht versetzten Skates. Ein Skate wird angehoben, um 180° gedreht und aufgesetzt. Somit zeigen die Fersen zueinander und die Skates bilden eine Linie. Der umgesetzte Skate wird nun belastet, während der zweite Skate nachgezogen wird. Dieser wird entweder parallel aufgesetzt oder zur sofortigen Beschleunigung gleich in V-Stellung gebracht. Während beim Umsteigen von vorwärts nach rückwärts der Oberkörper gegen die Fahrtrichtung rotiert, wird er beim *Umsteigen* von rückwärts nach vorwärts in die Fahrtrichtung gedreht.

Umschleifen

Beim Erlernen dieser Technik erfolgt der Rückgriff auf die Technik des *T-Stopps.* Das *Umschleifen* wird nur bei einem *Turn* aus der Vorwärtsbewegung angewandt. Dabei wird, ähnlich wie beim *T-Stopp*, der hintere Fuß im rechten Winkel zum vorderen aufgesetzt. Die Innenseite des hinteren Skates wird nun über den Boden geschleift. Das schleifende Bremsen löst eine Drehbewegung des stärker belasteten, vorderen Skates aus. Nach einer Drehung von ca. 180° werden die Skates wieder parallel geführt und gleich belastet.

Umspringen

Bei einem Richtungswechsel von vorwärts nach rückwärts wird zunächst der Oberkörper nach vorne gebeugt, der Körperschwerpunkt abgesenkt und auf die mittleren Rollen beider Skates verlagert. Durch ein kräftiges Abstoßen vom Boden mit anschließender Körperstreckung und einer 180°-Drehung in der Luft erfolgt die eigentliche Wendung. Dabei gehen die Arme der Bewegung voraus. Bei der Landung wird das Körpergewicht durch Beugung des Oberkörpers und der Knie möglichst elastisch abgefedert. Der Umkehrsprung kann genauso von rückwärts nach vorwärts durchgeführt werden.

Foto: Powerslide

6 INLINE-STREETHOCKEY-TECHNIK

Die Anforderungen im Inline-Streethockey lassen sich grob in die drei Bereiche **Technik**, **Taktik** und **Kondition** unterteilen. Diese drei Bereiche stehen in enger Beziehung miteinander und beeinflussen sich gegenseitig. So kommt z.B. ein hohes technisches Niveau der Kondition zugute, da durch einen ökonomischen Bewegungseinsatz Kraft gespart werden kann. Die technischen Fertigkeiten beeinflussen wiederum in hohem Maße die taktischen Fähigkeiten, da erst das Beherrschen bestimmter Techniken die Grundlage für bestimmtes taktisches Handeln darstellt. Insgesamt gesehen, kommt jedoch der Technik eine gewisse Basisfunktion zugute. Die wesentlichen Komponenten der spezifischen Technik des Inline-Streethockeys sind in der folgenden Abbildung zusammenfassend dargestellt:

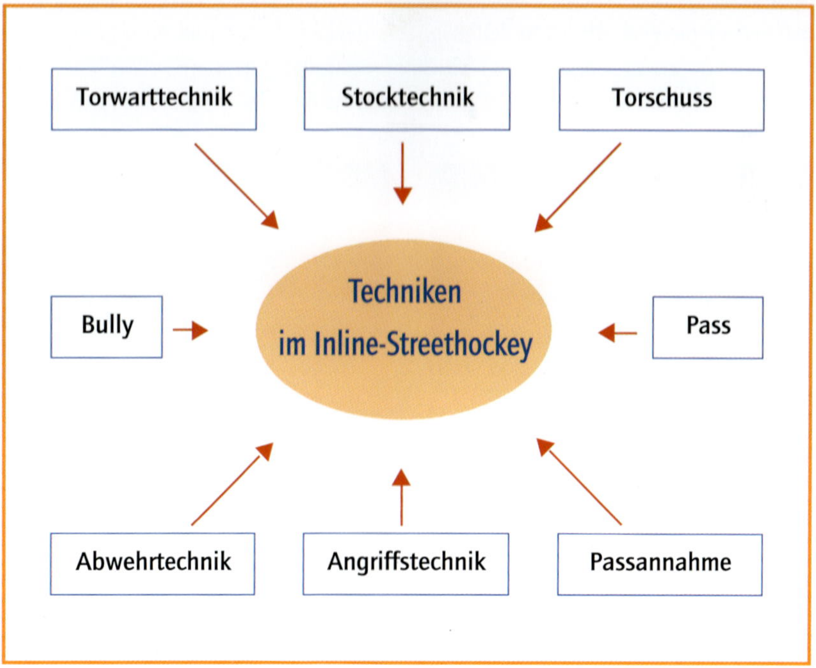

Abb. 3: Techniken im Inline-Streethockey-Spiel

6.1 Stocktechnik

Unter **Stocktechnik** versteht man die Art und Weise, wie man mithilfe des Streethockey-Schlägers den Ball beherrscht oder gewinnt.

Grundstellung und Schlägerhaltung

Die richtige Grundstellung des Spielers entscheidet über die korrekte Ausführung der verschiedenen Spieltechniken. Ist die Grundstellung fehlerhaft, wirkt sich das negativ auf das Passen oder Schießen aus.

Die richtige Ausführung sieht folgendermaßen aus: Um einen stabilen Stand und ein schnelles Agieren zu gewährleisten, muss der Körperschwerpunkt abgesenkt werden. Das bedeutet, dass die Knie angewinkelt werden, um so eine leichte Hockstellung einzunehmen. Das Gesäß befindet sich dabei in etwa senkrecht über den Fersen, die Knie über den Zehenspitzen. Becken, Rumpf und Kopf bilden eine nach vorn gebeugte Gerade. Die Füße stehen parallel zueinander, etwa hüft- oder schulterbreit auseinander. Das Körpergewicht wird dabei gleichmäßig auf beide

Foto 29a-b: Frontale und seitliche Grundstellung

Beine verteilt, wobei mehr Druck auf Mittelfuß und Fußspitze gegeben wird als auf die Ferse. Der Spieler steht dabei auf der gesamten Lauffläche seiner Skates, d.h., alle vier Rollen haben Bodenkontakt. Für einen sicheren Stand werden hierbei die Skates leicht nach innen gekippt, sodass die Innenseite der Rollen belastet wird. Die Körperhaltung insgesamt ist locker und bequem, nicht angespannt oder gar verkrampft.

Die Wahl des richtigen Materials, hier des Schlägers, spielt eine entscheidende Rolle. So muss dieser, wie in Kapitel 4 bereits erläutert, sowohl über die richtige Länge als auch über die richtige Winkelstellung verfügen. Der Schläger kann beid- oder einhändig gehalten werden, mit engem und weitem Griff. Man unterscheidet zwischen der *Tophand*, die den Schläger am oberen Ende umfasst, sowie der *Führhand*, die tiefer greift und, je nach Situation, die Griffweite variiert, indem sie nach unten oder oben rutscht. Die *Tophand* umgreift das Ende des Stiels fest im *Ristgriff* (der Handrücken ist vom Körper abgewandt), die *Führhand* fasst den Stiel im lockeren *Kammgriff* (der Handrücken ist dem Körper zugewandt). Man unterscheidet entsprechend der *Führhand* nach Links- und Rechtsspielern, wobei die Linksspieler die Mehrheit darstellen.

Beim Halten des Schlägers mit einer Hand greift nur die *Tophand* das Stielende. Diese Variante schränkt die Spielfähigkeit ein und kommt beim Laufen ohne Ball, beim Führen, bei Abwehraktionen und bei Finten zur Anwendung. Das Halten des Schlägers mit beiden Händen wird beim Schießen, Passen, Dribbeln und Zweikämpfen angewendet. Eine enge Griffhaltung ist grundsätzlich bei technischer Arbeit angebracht, wie z.B. beim Führen des Balls, Dribbeln und Passen. Eine breite Griffhaltung wird bei kraftfordernden Bewegungen verwendet, wie z.B. beim Schießen, beim Annehmen starker Pässe, beim Bully und bei Zweikämpfen.

Foto 30: Links- und Rechtsspieler frontal

Foto 31a-b: Breite und enge Schlägerhaltung

Ballkontrolle und -führung

Bei der Ballführung wird zwischen *Vorhand* und *Rückhand* unterschieden. Als Vorhand bezeichnet man die Bewegung, bei der sich der Ball an der Innenseite, d.h. innerhalb der Blattkrümmung des Schlägers, befindet. Als Rückhand ist dementsprechend eine Bewegung zu benennen, bei der sich der Ball an der Außenseite des Schlägerblatts befindet. Dies gilt sowohl für Links- als auch für Rechtshänder.

Die Grundlage jeder Ballarbeit stellt das *Mischen* oder *Mixen* dar. So wird das wechselseitige Hin- und Herspielen mit der Vor- und Rückhand genannt. Der Stock wird hierbei mit beiden Händen, bevorzugt in der oberen Stockhaltung, gehalten. Die untere Hand bewegt den Stock hin und her. Der Ball wird dabei stets eng geführt. Das bedeutet, dass die Bewegung umgekehrt wird, indem die Schlägerschaufel dicht über den Ball geführt wird, ihn abbremst und in die Gegenrichtung wieder beschleunigt. Das *Mischen* kann in verschiedene Richtungen (horizontal, diagonal, vorwärts und rückwärts vertikal) und mit verschiedenen Reichweiten erfolgen (kurz mit ca. 20-30 cm, lang mit ca. 30-60 cm und seitliches Auslassen).

Foto 32a-c: Horizontales Mischen

Beim *seitlichen Auslassen*, d.h. beim *Mischen* mit großer Reichweite, wird in der Vorhandbewegung die untere Hand vom Stock genommen. Die obere Hand folgt mit dem Stock der Bewegung, bis der Arm gestreckt ist. Der Ball wird mit der Schaufel abgedeckt und durch eine Zugbewegung in die Umkehrrichtung gezwungen. Befindet sich der Ball wieder vor dem Körper, wird die untere Hand wieder an den Stock geführt und die Rückhandbewegung eingeleitet.

Foto 33: Seitliches Auslassen

Die Ballführung durch *Mischen* erfolgt nicht nur im Stand, sondern auch im Lauf. Hierbei dient es dem Umspielen des Gegners oder dem Freispielen. In der Bewegung wird außerdem die Technik des *Schiebens* und *Ziehens* angewandt. Beim *Schieben* wird der Ball mit der Mitte der Schlägerschaufel geführt, entweder direkt oder seitlich vor dem Körper. Der Schläger wird dabei nur mit der oberen Hand festgehalten, der Ellbogen ist leicht eingeknickt. Durch diese Art der Schlägerhaltung kann der Spieler beide Arme und den Oberkörper unterstützend einsetzen, um Geschwindigkeit zu gewinnen. Wegen mangelnder Absicherung des Balls wird das *Schieben* nach dem Start und bei fehlender Beeinflussung durch den Gegner angewendet.Das *Ziehen* des Balls wird beim Rückwärts- und beim Bogenlauf praktiziert. In der Rückwärtsbewegung wird der Ball vor oder seitlich vom Körper nachgezogen. Dies geschieht durch das Abwinkeln der Schlägerschaufel zum Ball, sodass er automatisch in der Schaufelmitte geführt wird. Das kann sowohl ein- als auch beidhändig erfolgen. Beim *Ziehen* im Bogenlauf befindet sich der Ball seitlich versetzt zum Körper auf der kurvenäußeren Seite zur Laufrichtung. Der Vorteil dieser Technik liegt in einer gleich bleibenden Geschwindigkeit, bedingt durch das Übersetzen. Das Decken des Balls erfolgt mit dem eigenen Körper, der zwischen Ball und Gegner gebracht wird. Bei einem notwendigen Wechsel der Laufrichtung wird die Schlägerschaufel über den Ball gehoben und dieser mit der Rückhand geführt.

Wesentlicher Bestandteil der Ballkontrolle ist die *Blickkontrolle*. Darunter versteht man das visuelle Verfolgen der technischen Arbeit mit dem Ball. Hierbei wird zwischen *zentraler* und *peripherer Blickkontrolle* unterschieden. Vor allem von Anfängern, von Spielern mit schwacher Stocktechnik und in geringem Maße beim Trainieren und Einüben neuer Spielhandlungen wird die *zentrale* Blickkontrolle angewendet.

Foto 34: Zentrale und periphere Blickkontrolle

Dabei verfolgt der Spieler nur die Arbeit von Ball und Stock, das restliche Geschehen um ihn herum wird außer Acht gelassen. Diese Blickkontrolle eignet sich jedoch nicht für das Spiel. Vielmehr sollte jeder Spieler, nachdem er die entsprechenden Stocktechniken beherrscht, eine *periphere* Blickkontrolle anwenden. D.h., die Technik muss ihm in Fleisch und Blut übergegangen sein, sodass er den Ball blind beherrscht. In erster Linie beobachtet der Spieler das Spielgeschehen, sucht Anspielpartner, Freiräume oder den richtigen Zeitpunkt zum Torschuss. Der Ball wird dabei nur peripher, d.h. aus dem Augenwinkel heraus beobachtet.

6.2 Torschuss und Passtechniken

Da Inline-Streethockey ein kollektives Spiel ist, kommt es nicht nur auf die Beherrschung der Individualtechnik an, sondern auf das Zusammenspiel innerhalb der Mannschaft, das Kombinieren in Form von Freilaufen, Passen und Passannahme sowie auf den erfolgreichen Abschluss in Form des Torschusses. Der technische Ablauf beim Passen und Torschuss ist derselbe, nur sind die Zielvorgaben anders. Beim Passen versucht der Spieler, seinem Mitspieler den Ball exakt zukommen zu lassen, beim Torschuss wird versucht, genau in die Lücken zu treffen, die der Torwart nicht abdecken kann. Torschüsse werden zudem härter gespielt als Pässe. In den folgenden Abschnitten werden die gängigen Pass- und Schusstechniken sowie Sonderformen beschrieben. Pässe können generell in alle Richtungen gespielt werden, d.h. nach vorne, nach hinten und zur Seite.

Gezogener Schuss

Der lang gezogene Vorhandpass, auch *Schlenzer* genannt, ist die grundlegendste und genaueste Passform. Er wird aus der Ballführung, aus dem Stand und aus dem Fahren heraus gespielt. Hierzu wird der Schläger etwas breiter gefasst, die Füße stehen etwas mehr als schulterbreit auseinander und sorgen mit der leichten Belastung der Innenkanten für einen sicheren Stand. Der Ball ist möglichst weit seitlich vom Körper platziert, sodass er von der Schlägerschaufel gerade noch erfasst wird und man genügend Platz für die Ausholbewegung hat.

Die Schaufel befindet sich mit der gesamten Unterkante auf der Spielfläche und ist in Spielrichtung nach vorne geneigt, damit sie den Ball sicher abdeckt. Der Ball befindet sich zu Beginn des Passes in der Nähe der Schaufelferse. Mit einem zentralen Blick wird die Lage des Balls kontrolliert. Nun ziehen beide Arme den Ball am Körper vorbei in Schussrichtung. Der Ellbogen der *Tophand* zeigt dabei in Schussrichtung, die *Führhand* schiebt den Schläger am Körper vorbei. Dabei rotiert der Ball von der Schaufelferse zur Schaufelspitze. Gleichzeitig wird das Gewicht vom hinteren auf das vordere Bein verlagert. Das zu treffende Ziel und der Ball werden nun mit peripherem Blick erfasst. Die *Führhand* gibt dem Ball die endgültige Richtung, indem sie den Schläger in Schussrichtung weiterführt. Die *Tophand* hingegen wird in der Endphase des Passes entgegen der Schussrichtung, also zum Körper hin, geführt. Dieser Hebel bewirkt, dass der Ball nochmals kurz beschleunigt, also *geschlenzt* wird und sich von der Schlägerschaufel löst. Der Schläger folgt dem Ball möglichst weit, d.h., es wird lang ausgeschwungen. Der Bewegungsablauf für Rechtsspieler und der lang gezogene Rückhandpass sind entsprechend gleich.

Foto 35a-b: Gezogene Vorhand

Dieser Pass oder Schuss wird bevorzugt über größere Entfernungen angewendet. Er ist schnell und genau, der Ball kann gut angenommen und weiterverarbeitet werden. Nachteile liegen in einer relativ langen Zeit der Passvorbereitung, es wird mehr Raum benötigt und die Ausführung kann nur aus dem Rollen oder Stehen erfolgen, nicht aus dem Laufschritt oder dem Beschleunigen heraus.

Dieser Pass kann auch kurz gezogen gespielt werden. Die Ausholphase ist verkürzt und muss durch verstärkte Handgelenkarbeit kompensiert werden. Der kurzgezogene Pass erfordert weniger Raum und Zeit, ist jedoch unpräziser und die Ballgeschwindigkeit langsamer.

Geschlagener Schuss

Der geschlagene Schuss, auch *Schlagschuss* genannt, kommt eher bei Torschüssen als bei Pässen zur Anwendung. Zur Schussvorbereitung wird mit dem Schläger ausgeholt, d.h., er wird hinter den Körper gebracht. Hierbei gibt es Variationen mit großem und kurzem Ausholschwung, d.h., die Schaufel wird entweder bis Knie- oder Hüfthöhe zurückgebracht. Dann wird durch den nach vorne unten gerichteten Schwung der Ball geschlagen. Im Moment des Aufschlagens sollte sich der Ball in der Mitte der Schlägerschaufel befinden, die Schaufel selbst steht rechtwinklig zur Schussrichtung.

Je stärker der Schlag, umso heftiger der Schuss. Damit der Schuss flach erfolgt, muss die Schlägerschaufel direkt nach dem Schuss am Boden belassen werden. Wird sie direkt nach dem Schlag angehoben, hebt sich auch der Ball dementsprechend und fliegt in geringer Höhe. Der Bewegungsablauf für Rechtsspieler und den Rückhandschlagschuss ist entsprechend, wobei dem Rückhandschlagschuss aufgrund seiner mangelhaften Präzision nur geringe Bedeutung zukommt.

Foto 36a-c: Schlagschuss

Die Vorteile von Schlagschüssen liegen in ihrer Wucht und Geschwindigkeit sowie in ihrer schwierigen Abwehr. Abstriche muss man bei der Schussvorbereitung machen, da die Intention des Spielers deutlich erkennbar wird, bei der mangelnden Präzision und der sehr geringen Eignung als Pass.

Handgelenkschuss

Der Schuss oder Pass aus dem Handgelenk ist am schwierigsten und stellt hohe Anforderungen an Unterarmmuskulatur und Handgelenkstabilität. Er wird ohne Schwung oder Ausholbewegung direkt aus dem Ballführen heraus gespielt. Die Beschleunigung des Balls wird durch eine gegenläufige Bewegung der Handgelenke erreicht, d.h. die *Tophand* wird zum Körper, die *Führhand* in Passrichtung bewegt. Die Hebelbewegung der Hände ist zwar sehr kurz, aber umso schnellkräftiger.

Dadurch, dass die *Führhand*, kurz vor dem Lösen des Balls von der Schaufel, noch eingedreht wird und der Ball sich mehr in Richtung zur Schaufelspitze befindet, wird dieser zusätzlich beschleunigt. Durch ein kurzes Anheben der Schaufel, wenn der Ball sie verlässt, können hohe Pässe gespielt werden. Der Handgelenkpass wird überwiegend mit der Vorhand ausgeführt. Mit der Rückhand kann er zwar auch gespielt werden, ist aber wesentlich uneffektiver. Die Bewegungsabläufe gelten aber auch für Rechtsspieler und Rückhand dementsprechend.

Foto 37: Handgelenkschuss

Die Vorteile von Handgelenkpässen bestehen in der schnellen Durchführung aus jeder Spielsituation, Stellung und Bewegung heraus. Hier wird also der Überraschungseffekt zum wesentlichen Faktor des Gelingens.

Weiterhin kann die Spannkraft der gebogenen Schlägerschaufel optimal genutzt werden. Nachteile sind bei der mangelnden Präzision und Härte der Schüsse zu konstatieren.

Sonderformen

Beim *Rückpass* wird der Ball dem mitlaufenden Spieler nach hinten zugespielt. Der Pass wird entgegen der Laufrichtung gespielt. Am effektivsten ist dabei das Rückhandspiel, da hierbei der Oberkörper kaum eingedreht werden muss.

Ein peripheres Sehen ist ebenso unabdingbar, da der Ball möglichst genau zugespielt werden soll.

Foto 38: Rückpass

Beim *Droppass* wird der Ball einem hinterher- oder quer laufenden Mitspieler überlassen. Er wird dem Mitspieler entweder direkt auf kurze Distanz auf die Schaufel gespielt oder kurz abgestoppt, damit ihn der andere Spieler wieder aufnehmen kann.

Der *Flippass* ist ein sehr hoher, aber mit wenig Wucht gespielter Pass, manchmal auch als *Bogenlampe* bezeichnet. Die Höhe wird erzielt durch extremen Handgelenkeinsatz, ein offen gestelltes Schlägerblatt und durch ein Anheben mit möglichst langem Nachführen des Balls. Zur Anwendung kommt er hauptsächlich in Notsituationen, zum Überspielen des Gegners oder als Überraschungspass in den gegnerischen Torraum.

Foto 39: Flippass

Der *Skatepass* ist die einzige Alternative zum Schläger, um einen Ball aktiv zuzuspielen. Einerseits kann ein Schuss oder Pass direkt mit den Inlineskates abgefälscht oder weitergeleitet werden, indem man den Ball einfach abprallen lässt und ihm durch entsprechende Fußstellung die gewünschte Richtung gibt. Andererseits kann man den Pass auch direkt spielen, indem das Gewicht auf ein Bein verlagert wird und mit dem anderen Bein der Ball in die gewünschte Richtung gekickt wird. Der *Skatepass* wird hauptsächlich bei Finten, bei Tumult oder Behinderung der Schussausführung mit dem Schläger angewendet.

6.3 Passannahme

Die ideale Übernahme und Verarbeitung eines Passes besteht im Auffangen des Balls mit der Schlägerschaufel. Dies gelingt jedoch nur bei präzisem und gutem Zuspiel. Daher werden auch noch andere Techniken zur Passannahme eingesetzt, die im Folgenden beschrieben werden.

Annahme mit Vorhand und Rückhand

Bei der Passannahme mit dem Schläger wird die Schaufel mit der gesamten Unterkante aufgesetzt. Sie wird weder offen noch geschlossen angestellt und steht rechtwinklig zur Passrichtung. Nach Möglichkeit umfassen beide Hände den Schläger, damit ein scharf geschossener Pass nicht durchrutscht. Wesentlicher Bestandteil der Passannahme ist das Dämpfen des Balls in dem Moment, in dem er die Schaufel berührt. Der Ball darf also nicht hart von der Schaufel abprallen, da er sonst nicht kontrolliert werden kann. Die *Führhand* dämpft den Aufprall durch eine nachlassende Stockhaltung in Passrichtung. Das Dämpfen kommt der Mechanik des gezogenen Schusses gleich, nur in entgegengesetzter Reihenfolge. Der Ablauf für die Annahme mit der Rückhand ist derselbe, er gestaltet sich jedoch aufgrund der offenen Blattkrümmung etwas schwieriger.

Schlechte Pässe, bei denen der Ball hüpft, können beim Annehmen durch den Skate zusätzlich gesichert werden. Dazu wird der Inlineskate neben oder hinter dem Schlägerblatt positioniert, sodass der Ball im Falle eines Drüberhüpfens vom Fuß oder Bein abgefangen wird.

Foto 40a-b: Passannahme mit der Vor- und Rückhand

Bei ungenauen Pässen kann der Stock auch mit seiner gesamten Länge niedergelegt werden, sodass der Ball vom Stiel abgefangen wird. Er sollte jedoch nicht ganz abgelegt werden, da ansonsten der Ball nach oben abspringen kann. Stattdessen wird der Stock weiterhin mit dem Handschuh festgehalten, was ihn somit am oberen Ende etwas vom Boden abhebt.

Hohe Pässe können ebenfalls mit dem Schläger angenommen werden, indem der Ball mit der Schaufel niedergeschlagen wird. Dies erfordert jedoch einige Übung und darf nicht regelwidrig (*hoher Stock*) ausgeführt werden.

Annahme mit dem Inlineskate

Die Passannahme mit dem Skate war in erster Linie dazu gedacht, um ungenaue Pässe abzufangen. Mittlerweile werden jedoch auch genaue Pässe mit dem Skate angenommen und weiterverarbeitet. Hierzu wird, je nach Situation, die Innen- oder Außenkante des Inlineskates so in Richtung des Balls gedreht, dass dieser zum Schläger des Spielers abprallt.

Foto 41a-b: Passannahme mit dem Skate im Stand und im Lauf

Annahme mit dem Körper und der Hand

Hohe Schüsse und Pässe dürfen auch vom gesamten Körper gestoppt werden. Dazu bewegt sich der Spieler in die Flugbahn des Balls und lässt ihn vom Körper abprallen. Danach wird der Ball mit dem Schläger oder Skate weiterverarbeitet.

Sehr hohe Pässe können auch mit der Hand gestoppt werden. Dazu lässt man den Ball entweder an der offenen Hand abprallen oder klatscht ihn Richtung Boden. Der Ball darf weder festgehalten noch absichtlich mit der Hand einem Mitspieler zugespielt werden.

Foto 42: Passannahme mit der Hand

6.4 Spezielle Angriffstechnik

Da der ballführende Spieler stets die Aufmerksamkeit auf sich lenkt, kommt er notgedrungen in Situationen, in denen er sich mit seinem Gegenspieler auseinander setzen muss. Die einfachste Möglichkeit wäre jetzt, einem Mitspieler den Ball zuzupassen, was jedoch nicht immer möglich ist. In einem solchen Fall muss sich der Spieler mit anderen Individualtechniken gegen seinen Kontrahenten durchsetzen.

Direkter Zweikampf

Foto 43: Direkter Zweikampf

Der direkte Zweikampf ist die denkbar schlechteste Lösung einer Angriffssituation. Er sollte jederzeit vermieden werden, da der Ausgang oftmals ungewiss ist. Der direkte Zweikampf umschreibt die Situation, wenn sich sowohl Spieler als auch

Gegenspieler in derselben Ausgangssituation bezüglich der Ballkontrolle befinden. D.h., beiden stehen die gleichen Möglichkeiten zum Ballgewinn offen. Eine solche Situation entsteht z.B., wenn der ballführende Spieler durch gegnerische Attacken die Ballkontrolle verliert. Jetzt kommt es also auf die jeweilige Reichweite, Schnelligkeit, Technik, Kraft und Körpereinsatz der Spieler an, um Herr über die Situation zu werden. Befinden sich jedoch beide Spieler auf ähnlichem Spielniveau, entscheidet oft nur das Quäntchen Glück. Vor allem besteht das Endresultat eines direkten Zweikampfs häufig darin, dass der Ball unkontolliert in eine x-beliebige Richtung fliegt.

Distanzhalten

Den Gegner auf Distanz zu halten, wird prinzipiell von der angreifenden Mannschaft angewendet. Es ist jedoch Aufgabe jedes einzelnen Spielers, sich freizulaufen, anzubieten, freie Räume zu suchen und den direkten Kontakt mit dem Gegner zu meiden. Den Gegner auf Distanz zu halten, besteht also in erster Linie aus läuferischer Arbeit. Dies wird erreicht durch hohe oder wechselnde Laufgeschwindigkeiten, abrupte Laufrichtungswechsel und unerwartete Stopps.

Dribbeln

Den Gegner auszudribbeln, erfordert nicht nur die entsprechende Stocktechnik, sondern auch gewisse Laufarbeit und Körperspiel. Es beinhaltet also auch andere Angriffstechniken, die in der Kombination miteinander angewendet werden. Das Hauptaugenmerk beim Dribbeln liegt jedoch in der Ballführung durch *Mischen* mit unterschiedlicher Reichweite und Geschwindigkeit. Dies erschwert den Zugriff des Gegners.

Finten

Ein Spieler darf sich nicht ständig auf die gleiche Angriffstechnik beschränken, da ansonsten seine Handlungen sehr schnell durchschaubar werden, sich der Gegner

Foto 44: Dribbeln

darauf einstellt und der erfolgreiche Abschluss zunehmend verhindert wird. Ein adäquates Mittel, dem entgegenzuwirken, sind ständig variierende Angriffstechniken und der Einsatz von *Finten*, um den Gegner zu irritieren. *Finten* können ausgeführt werden mithilfe der Lauftechnik, dem Schläger, dem Körper und durch deren Kombination.

Bei der *Lauftechnikfinte* täuscht der ballführende Spieler ein Stoppen oder Starten vor. Er täuscht z.B. ein Bremsen an, läuft aber weiter. Befinden sich beide Spieler im Stand, kann er auch ein Starten vortäuschen, sodass sich der Gegner in Bewegung setzt. Die *Lauftechnikfinte* dient auch dem Umspielen des Gegners, indem eine bestimmte Laufrichtung angedeutet wird und im letzten Moment die entgegengesetzte Richtung eingeschlagen wird.

Bei der *Schlägerfinte* wird z.B. ein Pass nach links angetäuscht, der Gegenspieler dann aber rechts umspielt oder umgekehrt. Eine weitere Möglichkeit besteht darin, einen Schuss anzutäuschen, und wenn der Gegner darauf entsprechend reagiert, ihn ebenfalls zu umspielen.

Bei der *Körperfinte* wird durch den Einsatz von Kopf, Schultern, Armen, Hüfte und Beinen eine andere Bewegung angedeutet, als dann tatsächlich ausgeführt wird. Bei dieser Art von Finte ist es etwas schwieriger, den Ball unter Kontrolle zu halten. Daher findet diese Methode nur bei guten Spielern Anwendung.

Die *kombinierte* Finte setzt sich aus den anderen Finten zusammen. Sie ergänzen sich ideal und sind daher sehr wirkungsvoll, erfordern allerdings auch eine hohe Konzentration.

Das Aus- und Umspielen

Das Aus- und Umspielen des Gegners ist eine einfache und wirkungsvolle Kombination von Lauf- und Stocktechnik. Beim Ausspielen gibt es verschiedene Möglichkeiten, die je nach Körper-, Fuß- und Schlägerhaltung des Gegners angewendet werden.

Beim Ausspielen des Gegners von der Seite legt sich der ballführende Spieler den Ball auf einer Seite vor und läuft auf der anderen Seite am Gegenspieler vorbei. Er spielt den Ball z.B. links am Gegner vorbei, läuft aber rechts vorbei und nimmt den Ball wieder auf. Hierbei muss jedoch genügend Raum zur Verfügung stehen. Weniger Platz wird beim Ausspielen des Gegners durch die Beine benötigt. Allerdings kann hier der Gegner durch Körperspiel zum Vorteil kommen, indem er den ballführenden Spieler blockt.

Ebenso lässt sich der Gegenspieler zwischen Schläger und Fuß ausspielen. Dabei ist es wichtig, den Ball schnell und überraschend zwischen Fuß und Schläger des Gegners durchzuspielen, sodass dieser nur schwer reagieren kann. Beim Ausspielen des Gegners mit Bandenpass spielt der Ballführende zur Bande, umläuft den Gegner mit erhöhter Geschwindigkeit auf der anderen Seite und nimmt den abprallenden Ball wieder an.

Das Umspielen des Gegners erfolgt meist mit einer so genannten *Schleife*. Der ballführende Spieler läuft dicht am Gegner vorbei, der Ball wird allerdings auf der gegnerabgewandten Seite in Form einer *Schleife* geführt. Das bedeutet, dass der Ball vom eigenen Körper gedeckt wird und sich gleichzeitig möglichst weit weg vom Gegenspieler befindet. Das Umfahren erfolgt dabei meistens im Bogenlauf, um keine Geschwindigkeit zu verlieren. Der Ball wird, je nach Situation, seitlich vor, neben oder hinter dem Körper geführt. Die *Schleife* kann sowohl mit der Vor- als auch mit der Rückhand gespielt werden. Es kann auch zwischen normaler und großer Reichweite variiert werden, d.h. mit beid- oder einhändiger Stockhaltung.

Foto 45: Ausspielen durch die Beine

Foto 46: Umspielen des Gegners mit einer Schleife

6.5 Spezielle Abwehrtechnik

Die Abwehr ist die Reaktion auf den Angriff eines Gegners mit dem Ziel, den Ball zurückzugewinnen und anschließend einen eigenen Angriff einzuleiten. Es kommt besonders im Zweikampf darauf an, nicht überspielt zu werden, sondern den Ball vom Gegenspieler zurüchzuerobern. Bei der Abwehr eines ballführenden Gegners spricht man vom *direkten Kampf*, bei der Abwehr ohne Ball vom *indirekten Kampf*. Beide Techniken werden im folgenden Text erläutert.

Direkter Kampf um den Ball

Als *direkten Kampf* um den Ball bezeichnet man das Abnehmen des Balls mithilfe des Schlägers, das Abfangen von Pässen und Schüssen sowie das Körperspiel. Es gibt verschiedene Möglichkeiten, mittels Stocktechnik in Ballbesitz zu kommen. Eine davon ist das so genannte *Ausstechen*.

Foto 47: Ausstechen

Diese Technik kann sowohl frontal als auch seitlich zum Gegenspieler angewendet werden. Sobald dieser in entsprechende Reichweite gekommen ist, wird der Schläger plötzlich ausgelassen. D.h., die *Führhand* lässt los, die *Tophand* wird explosiv gestreckt und der Schläger somit mit großer Reichweite zum Ball geführt. Dieser wird dann von der Schlägerschaufel ausgestochen. Das seitliche Ausstechen kann auch mit einer sichelförmigen Bewegung des Schlägers erfolgen.

Eine weitere, sehr effektive Methode ist das *Anheben* des gegnerischen Schlägers. Dabei bringt man seine Schlägerschaufel hinter die Schlägerferse des ballführenden Gegners. Durch einen kurzen Hieb nach oben hebt sich dessen Schläger und er verliert die Ballkontrolle. Hier spielt der Überraschungseffekt und die schnelle Weiterverarbeitung eine wesentliche Rolle. Schwieriger ist es, durch Schlägerniederlegen in Ballbesitz zu gelangen. Der abwehrende Spieler versucht, im Rückwärtslauf auf die schlägerabgewandte Seite des Angreifers zu kommen. Versucht dieser, nun auf der anderen Seite vorbeizuspielen, wird der Schläger vom Verteidiger flach auf den Boden abgesenkt und blockt den Ball somit ab. Es ist sehr schwierig, hier das richtige Timing zu finden. Erkennt der Angreifer die Absicht des Verteidigers, kann er den Ball noch rechtzeitig über den Schläger heben.

Ein probates Mittel, um in Ballbesitz zu gelangen, ist auch das *Abfangen* von Schüssen und Pässen mit dem Körper. Dies gleicht im Ablauf der Passannahme mit Hand und Körper. Die grundlegende Technik ist dabei das Abfangen der Schüsse im Stehen. Wichtig ist, dass die Beine geschlossen werden, die Arme eng am Körper liegen und der Schläger in Ballrichtung gehalten wird. Es ist immer besser, bei einem bevorstehenden Schuss den Ball im Auge zu behalten, als sich von ihm abzuwenden, denn hiervon resultieren mehr Verletzungen.

Auch sollten die nun beschriebenen Variationen des Abfangens mit dem Körper, vor allem im Anfängerbereich, mit Vorsicht betrachtet werden, da es sich um verletzungsträchtige Techniken handelt. Beim Abfangen von Schüssen aus kurzer Distanz kann der Verteidiger ein- oder beidbeinig in die Knie gehen, um sich so in der erwarteten Ballflughöhe breiter und kompakter zu machen. Ebenso kann er sich aus dem Fahren oder dem Stand mit geschlossenen Beinen seitlich auf den Boden werfen. Dies ist vergleichbar mit dem Torwartslide. Beide Techniken bergen jedoch die Gefahr von Oberkörper- und Kopfverletzungen. Beim Körperspiel in der Abwehr ist in erster Linie das *Blockieren* gemeint. Durch das *Blockieren* des

Angreifers kann die abwehrende Mannschaft wieder in Ballbesitz gelangen. Das *Blockieren* wird vorzugsweise an der Bande, aber auch im freien Raum praktiziert. Beim *Blocken* an der Bande wird der Angreifer seitlich zur Bande hin gedrängt und dann der Weg zugemacht.

Foto 48a-b: Bandenblock

Foto 49: Freier Block

Beim *Blocken* im freien Raum versucht der abwehrende Spieler, seinen Körper zwischen Ball und Gegner zu bringen. Dies gilt auch für den offensiven freien Block, wie auf dem nebenstehenden Foto zu sehen ist. Bei diesen Techniken ist darauf zu achten, dass sie den Regeln entsprechen und nicht mit übertriebener Härte angewendet werden. Im Anfängerbereich ist von Bodychecks Abstand zu halten. Bei noch nicht gefestigter Inline-Streethockey-Technik führt dies schnell zu unkontrollierbaren Situationen. Disziplin, Charakter, Moral und Fairplay sollten immer im Vordergrund stehen.

Indirekter Kampf um den Ball

Zum *indirekten Kampf* um den Ball zählen jene Maßnahmen, die den Gegner in seiner Angriffstätigkeit stören. Dazu zählen z.B. die Raumaufteilung und die Stellung der einzelnen Spieler und das Decken des Gegners.

Hierfür gibt es einige Grundsätze:

- Immer den besten Platz für den Angriff suchen.
- Den Gegner in Laufrichtungen zwingen, die günstig für einen Angriff sind.
- Nie dem ballführenden Gegner hinterherlaufen.
- Beim Decken sich immer zwischen Ball und Gegner positionieren.

- Den Gegner im Bogenlauf angreifen. Ein geradlinig auf den ballführenden Spieler zulaufender Abwehrspieler lässt sich leicht umspielen.
- Bei der Abwehr jederzeit einen kleinen Vorsprung zum eigenen Tor halten.
- Bei einem gegnerischen Angriff über die Seite immer den Gegner zwischen eigenen Körper und Bande bringen.
- In der Abwehrzone wird der Gegner im Rückwärtslauf gedeckt. Der eigene Körper ist dabei zwischen Tor und Gegner zu bringen.
- Bei der Manndeckung den Gegner so eng decken, dass dieser nicht zum Ball kommt. Man sollte jedoch immer einen geringen Vorsprung haben, d.h., die eigene Schulter befindet sich in der Bewegung vor der gegnerischen Schulter.
- Die Deckung wird erst aufgegeben, wenn die eigene Mannschaft im Ballbesitz ist.

Foto 50: Manndeckung

6.6 Bullytechnik

Zu Beginn und nach jeder Unterbrechung wird das Spiel mit einem Einwurf – Bully – gestartet. Der Erfolg eines Bullys hängt einerseits von der individuellen Technik des ausführenden Spielers als auch von der Mithilfe der eigenen Spieler in Bezug auf Blocken, Aufstellung und Angriff ab. Der Stock wird beim Bully entweder mit normaler Griffhaltung oder im Ristgriff gehalten. Der Ball wird schräg nach vorne, schräg nach hinten oder zurück durch die eigenen Beine gespielt. Man kann das Bully auf verschiedene Arten ausführen, mit *Reaktion*, mit *Stocktechnik*, mit *Körperspiel*, mit *Kraft* oder mit einer *Kombination* aus allem.

Foto 51: Bully

Der Ballgewinn durch *Reaktion* wird durch den reaktionsschnelleren Spieler entschieden, der den Ball sofort abnimmt und weiterspielt.

Der Ballgewinn durch *Stocktechnik* kann mittels Wegschlagen oder Anheben des gegnerischen Schlägers sowie durch Ausspielen des Gegners erfolgen. Beim Ausspielen wird der Ball dem Gegner durch die Beine gespielt und dieser dann umlaufen.

Beim Ballgewinn durch *Körperspiel* geht der Spieler auf den Gegner und drückt ihn vom Ball weg. Der hinter dem Spieler stehende Mitspieler übernimmt den freien Ball. Die Anwendung dieser Technik muss stets regelkonform sein.

Der Ballgewinn durch *Kraft* erfolgt in der Regel im Ristgriff und mit breiter Fußstellung. Der gegnerische Schläger wird dabei mit dem eigenen gesperrt und der Ball vom Gegner weggezogen. Eine weitere Möglichkeit ist das Abdecken des Balls, indem man den eigenen Körper vor dem Gegner eindreht und diesen mit Schulter oder Rücken auf Abstand hält.

Eine *Kombination* aus allem sieht wie folgt aus: Der Spieler geht beim Einwurf auf den Gegner, drängt ihn ab, sperrt seinen Schläger und spielt den freien Ball mit dem Inlineskate seinem Mitspieler zu.

6.7 Torwarttechnik

Der Torwart ist beim Inline-Streethockey eine Schlüsselfigur, so wie alle Torwarte bei Sportarten, bei denen auf ein Tor geschossen wird. Er unterscheidet sich nicht nur in seiner Ausrüstung, sondern auch bezüglich seiner technisch-taktischen Tätigkeit von den restlichen Spielern. Ein Torwart muss über Mut, Kraft, Gewandtheit und Elastizität verfügen. Die Körpergröße ist weniger ausschlaggebend als die richtige Reaktions- und Koordinationsfähigkeit.

Grundstellung

Beim Beobachten des Spielgeschehens vor seinem Tor befindet sich der Torwart in der Grundstellung. Er steht in tiefer Hocke, die Inlineskates in V-Stellung. Sind die Beine geschlossen, spricht man von einer U-Stellung. Bei geöffneten Beinen spricht man von der A-Stellung. Der Oberkörper ist nach vorne gebeugt und die Brust wird vorgewölbt. Der Kopf ist nach vorne aufgerichtet, die Schultern hängen locker nach vorne. Im Allgemeinen sollte die Grundstellung ruhig und nicht verkrampft sein.

Foto 52a-c: Grundstellung A (Beine geöffnet) und U (Beine geschlossen)

Die *Stockhand*, in aller Regel die rechte, hält den Torwartschläger im Ristgriff, am Stiel knapp oberhalb der Verbreiterung. Der Schläger steht senkrecht zum Boden und liegt mit seiner gesamten Unterkante etwa 10-20 cm vor den Füßen auf. Durch die Vorlage überträgt sich bis zu 1/10 des Körpergewichts auf den Schläger, der dann als drittes Bein dient. Die *Fanghand* befindet sich entweder am locker gestreckten Arm seitlich und etwas vor dem Körper, mit der offenen Handfläche gegen das Spielfeld. Eine andere Möglichkeit ist das Abwinkeln im Ellbogen, wobei die Handfläche zur Schulter zeigt.

Schüsse abwehren und fangen

Die Wahl der richtigen Torwartposition bildet die Grundlage, um Schüsse abzuwehren oder zu fangen. Befindet sich der Ball vor dem Tor, kann der Torwart den möglichen Schusswinkel verkleinern, indem er dem Ball entgegenkommt. Er steht dabei immer senkrecht zum Ball, nicht zum Gegenspieler! Befindet sich der Ball neben dem Tor, muss der Torwart die kurze Ecke zumachen.

Er steht wieder senkrecht zum Ball. Zwischen seinem Körper und der Torstange, die dem Ball am nächsten ist, darf keine Lücke frei bleiben. Der Schläger liegt vor den Füßen auf dem Boden auf. Befindet sich der Ball hinter dem Tor, stellt sich der Torwart eng an die dem Ball näher stehende Torstange und dreht sich aber niemals weiter als 90° zur Torlinie.

Wenn der Torwart in Grundstellung mittig im Tor steht, bleiben fünf Bereiche frei, die nicht von seinem Körper abgedeckt sind:

A: Die rechte obere Ecke. Sie wird mit Fanghand, Arm und Körper verteidigt.
B: Die linke obere Ecke. Sie wird mit Stockhand, Arm und Körper verteidigt.
C: Die linke untere Ecke. Sie wird mit Torwartschiene, dem Fuß/Skate und dem Schläger verteidigt.
D: Die rechte untere Ecke. Sie wird mit Torwartschiene, Fuß/Skate und Schläger verteidigt.
E: Der Beinzwischenraum. Er wird mit Körper, Hände, Torwartschiene, Füßen/ Skates und Schläger verteidigt.

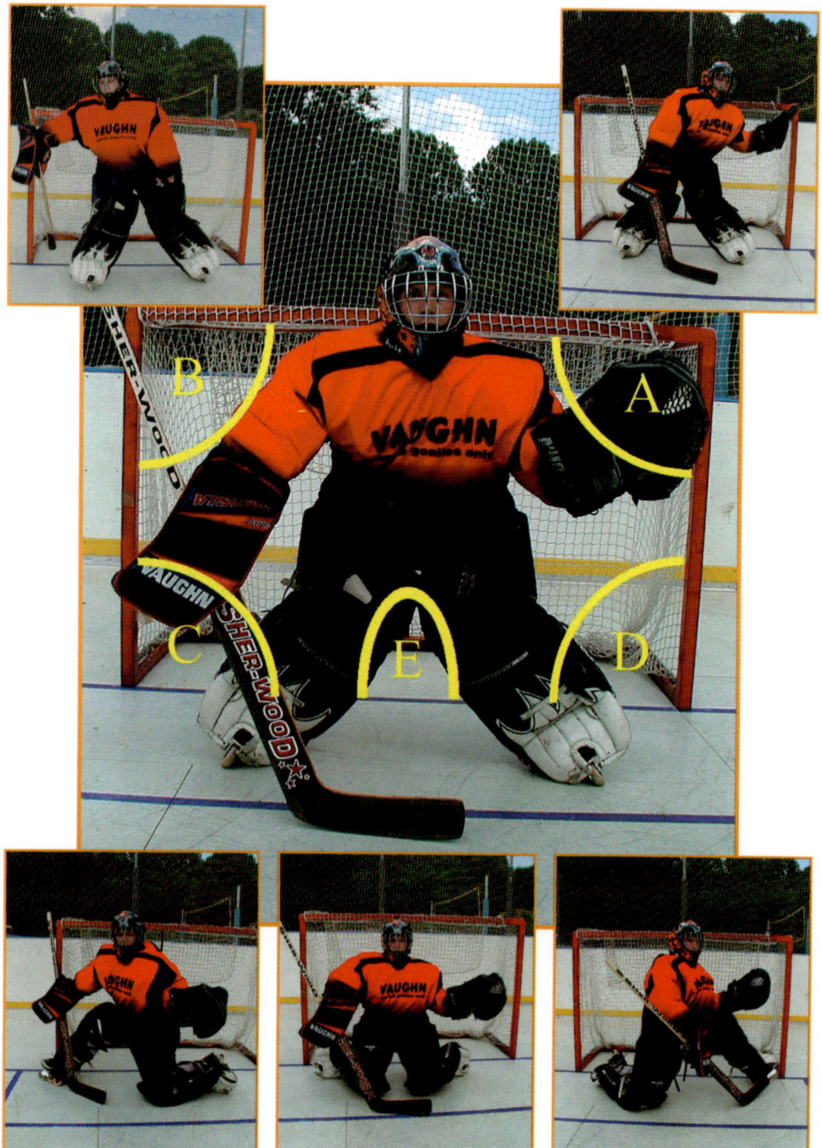

Foto 53: Abwehrbereiche des Torwarts

Schüsse auf das Tor können auf verschiedene Art und Weise abgewehrt werden. Dabei ist zu unterscheiden, ob die Schüsse flach oder hoch geschossen werden. Niedrige und flache Schüsse kann der Torwart entweder mit dem Schlägerblatt abdämpfen und einem Mitspieler zupassen oder den Ball einfach in eine bestimmte Richtung abprallen lassen. Insbesondere bei harten Schüssen lässt er den Ball seitlich vom Tor weg abprallen. Befinden sich Gegenspieler in der Nähe, kann er den Ball durch Anstellen des Schlägerblatts auch hoch abprallen lassen.

Flache Schüsse können auch mithilfe der Inlineskates abgewehrt werden. Hierzu geht der Torwart in die *Halbgrätsche*, auch *Halbbutterfly* genannt, und achtet darauf, dass die Inlineskates mit allen Rollen Kontakt zum Boden haben. Bei eingeschränktem Sichtfeld und flachen Schüssen wird ebenfalls die *Halbgrätsche* angewandt. Er kann damit eine relativ große Fläche decken und auch jederzeit wieder schnell aufstehen.

Zwei Möglichkeiten, um bei flachen Schüssen die gesamte Torlinie zuzumachen, bieten die *Vollgrätsche/Butterfly* und der *Gleitsturz/Slide*. Bei der *Vollgrätsche* geht der Torwart aus der breiten Beinstellung heraus in die Knie und dreht dabei die Unterschenkel nach außen. Seine Beinschienen zeigen jetzt zum schießenden Gegner, die Lücke zwischen den Beinen wird mit dem Schlägerblatt abgedeckt. Beim *Gleitsturz* stößt sich der Torwart seitlich ab, kniet sich erst mit dem Abstoßbein ab, um sich dann komplett seitlich hinzulegen. Die Beine sind dabei geschlossen. Die Beinschienen zeigen gegen die Schussrichtung und der Körper muss sich flach am Boden befinden, damit kein Ball durchrutschen kann.

Für halbhohe und hohe Schüsse gibt es ebenfalls mehrere Abwehrmöglichkeiten. Der Torwart fängt den Ball nach Möglichkeit direkt mit der Fanghand oder lässt ihn am Körper aufprallen, um ihn dann mit dem Fanghandschuh aufzunehmen. Beim direkten Fangen ist darauf zu achten, den Ball durch eine Rückwärtsbewegung des Fanghandschuhs abzudämpfen.

Mit der *Stockhand* lässt der Torwart den Ball am Handrist seitlich abprallen, ebenso am breiten Stiel des Schlägers. Bei hohen und schnellen Schüssen ist es manchmal angebracht, den Ball mit den Armen, d.h. mit Oberarm oder Ellbogen abzuwehren. Dazu wird einfach der Oberarm seitlich am Körper nach oben gezogen.

Foto 54: Slide

Lauftechnik

Da der Torwart immer frontal zum Ball stehen sollte, führt er im Wesentlichen nur den Lauf nach vorne und zurück sowie zur Seite hin aus. Der Lauf nach vorne, also dem Gegner entgegen, dient der Verkleinerung des Schusswinkels.

Bei kurzen Entfernungen stößt sich der Torwart nur einmal kräftig ab. Bei längeren Distanzen wendet er den *Eier-* oder *Wellenlauf* an. Dabei sind die Knie geschlossen, beim *Eierlauf* sind die Bewegungen der Skates halbkreisförmig gegenläufig, beim *Wellenlauf* parallel. Der Abstoß erfolgt im Vorwärtslauf aus dem Fersenbereich, beim Rückwärtslauf von der Fußspitze. Gebremst wird jeweils mit dem *Schneepflug/Snowplow*. Der Vorteil dieser Techniken ist, dass der Torwart in der Grundstellung verbleiben kann, sich dennoch geradlinig nach vorne und hinten bewegen kann und die Inlineskates dabei immer am Boden bleiben.

Foto 55: Winkelverkleinerung

Foto 56a-b: Lauftechnik vor und zurück

Den Lauf zur Seite realisiert der Torwart am besten, indem er sich mit einem Bein abstößt, das andere parallel zur Torlinie setzt und sein Gewicht auf dieses verlagert. Das Abstoßbein zieht er wie beim *T-Stopp* hinterher und bremst damit ab.

Foto 57: Lauftechnik seitlich

7 GRUNDZÜGE DER TAKTIK

Da Inline-Streethockey eine Mannschaftssportart ist, spielt die Zusammenarbeit zwischen den einzelnen Spielern eine ebenso große Rolle wie die Einzelleistung jedes einzelnen Mannschaftsmitglieds. Auch der Taktik kommt wie bei allen Sportspielen eine zentrale Bedeutung zu und ist aufgrund der vielen möglichen Spielvarianten, der Komplexität der situativen Bedingungen und der gegnerischen Beeinflussung viel entscheidender als bei Individualsportarten. Dabei wird zwischen *Individualtaktik* (individuelle taktische Handlungen des einzelnen Spielers im Spiel 1:1 oder 1:2), *Gruppentaktik* (hier werden in die Entscheidung eines Sportlers immer die Aktionen mindestens eines weiteren Spielers mit einbezogen) und *Mannschaftstaktik* (Festlegung der Einzelhandlungen vor dem Hintergrund eines gemeinsamen Konzepts des ganzen Teams) unterschieden (vgl. ROTH 1989). Eine weitere Unterscheidung kann zwischen *Angriffs-* (*Offensiv-*) und *Abwehr-* (*Defensiv-)taktik* gemacht werden.

Obwohl taktische Spielsysteme meist nur bei regelmäßig trainierenden Mannschaften, die am Ligabetrieb oder an Turnieren teilnehmen, trainiert und angewandt werden, gibt es einige taktische Grundzüge, die auch von Hobby- und Freizeitmannschaften beachtet werden sollten.

Im folgenden Abschnitt soll nun kurz auf diese allgemeinen taktischen Grundprinzipien bei Spielhandlungen des Inline-Streethockeys eingegangen werden, die zum Teil auch bei anderen Spielsportarten gleichermaßen gültig sind.

7.1 Allgemeine taktische Prinzipien

Die in diesem Abschnitt aufgeführten taktischen Überlegungen treffen für die meisten Spielsportarten zu und sind deshalb oft auch schon bei vielen Freizeitspielern, die aus anderen Sportarten kommen, bekannt, oder werden sogar als selbstverständlich angenommen, ohne dass man sich darüber weitere Gedanken macht. Dennoch gehören diese Überlegungen zu den taktischen *Tipps*, die eine Mannschaft auf jeden Fall im Spiel beachten sollte.

- Alle Spieler sollten die Spielregeln beherrschen und danach handeln.
- Fehlpässe müssen vermieden werden.
- Der Ball sollte in den eigenen Reihen gehalten werden.
- Vermeidung von 1:1-Situationen gegen einen technisch besseren Spieler.
- Suchen von 1:1-Situationen gegen einen technisch schwächeren Spieler.
- Unnötige Fouls, die zu einer Zeitstrafe führen, sollten vermieden werden.
- Die Spieler sollten versuchen, das ganze Spielfeld räumlich optimal auszunutzen.
- Die Spieler sollten stets versuchen, sich freizulaufen und für den Mitspieler anzubieten.
- Immer in Bewegung bleiben, ist wichtig.
- Bei Angriffen möglichst nicht alle Spieler auf einer Linie fahren, sondern in Dreiecksformation angreifen (dabei ist der Ballführende am nächsten zum eigenen Tor).
- Nach Möglichkeit sollte eine Überzahlsituation erzeugt werden.
- Bei knapper Führung gegen Ende des Spiels den Regeln entsprechend auf Zeit spielen.
- Unnötige Diskussionen mit dem Schiedsrichter vermeiden.

7.2 Taktische Prinzipien im Überzahlspiel (Powerplay)

Beim Inline-Streethockey kommt es oft vor, dass eine Mannschaft in Überzahl spielt. Dies kann zum Beispiel durch eine Zeitstrafe gegen die gegnerische Mannschaft der Fall sein. Laut den Spielregeln ist dabei eine maximale Überlegenheit von 3:2 Feldspielern möglich. Auch bei schnellen Kontern kann es für kurze Zeit zu einer Überzahlsituation im Spiel kommen, die dann schnell ausgenutzt werden sollte. Neben verschiedenen, fest einstudierten Systemen für den Angriff im Überzahlspiel, die meist nur von fortgeschrittenen Mannschaften für den Turnierbetrieb trainiert werden, gibt es auch einige taktische Prinzipien im Überzahlspiel, die grundsätzlich Beachtung finden sollten.

- Im Überzahlspiel sollten die besten Spieler der Mannschaft spielen.
- Ein schneller Ballgewinn ist wichtig für den Erfolg.
- Schnell, einfach und sicher in die gegnerische Hälfte eindringen.
- Durch die Überzahl eine Torchance herausspielen (Bewegung aller Spieler).

- Die näher stehenden Spieler sollten am Torschuss beteiligt werden: Nachschuss, Tip-in, dem Schützen freien Weg schaffen usw.
- Pässe sollten genau gespielt werden, um unnötige Ballverluste zu vermeiden und somit wichtige Zeit nicht zu vergeuden.
- Das Überzahlspiel sollte nicht überschätzt werden (nicht leichtsinnig werden).

Foto: K2

7.3 Taktische Prinzipien im Unterzahlspiel

Genauso oft und aus denselben Gründen wie beim Überzahlspiel kann eine Mannschaft gezwungen werden, in Unterzahl zu spielen. Diese Situation ist für die Mannschaft sehr gefährlich und sollte, wenn möglich, vermieden werden. Zeitstrafen, zum Beispiel wegen Diskussionen von Spielern mit dem Schiedsrichter, die dazu nicht befugt sind (siehe Regelwerk), führen zu einem unnötigen Vorteil für die gegnerische Mannschaft.

Wird allerdings eine Zeitstrafe gegen eine Mannschaft ausgesprochen, ist es am wichtigsten, diese Zeit erfolgreich durchzustehen und den Gegner am Torschuss zu hindern. Die folgenden taktischen Prinzipien stellen die Voraussetzung für eine erfolgreiche Zeitüberbrückung dar:

- Die Mannschaft sollte so lange wie möglich in Ballbesitz bleiben.
- Bei jeder Gefahr muss der Ball aus der eigenen Hälfte herausgeschossen werden (Schlagschuss, Flipschuss), dies bringt einen Zeitgewinn von 15-25 Sekunden.
- Die Schussabwehr sollte mit vollem Einsatz erfolgen (nur bei vollständiger Schutzausrüstung!).
- Jeder Spieler muss mit vollem Einsatz spielen und darf nicht nur abwarten, was der Gegner macht.
- Den Raum vor dem eigenen Tor mit Raumdeckung abdecken, um den Gegner daran zu hindern, in den Schussraum zu kommen.

7.4 Torwarttaktik

Taktische Prinzipien betreffen nicht nur die Feldspieler, sondern auch den Torwart einer Mannschaft. Dabei gibt es einige Prinzipien, die erst ab einem bestimmten Spielniveau relevant werden und andere, die für jeden Torwart auf jedem Leistungsniveau von Bedeutung sind.

- Der Gegner muss im Spiel immer beobachtet werden.
- Die eigenen Verteidiger sollten durch laute Zurufe dirigiert werden.
- Der Ball darf nicht vom Gegner gedeckt werden und sollte immer im Blickfeld sein.
- Gutes Stellungsspiel ist wichtig.
- Schüsse des Gegners müssen immer richtig eingeschätzt werden, auch hinter und neben dem Tor.
- Nicht umwenden, sondern maximal im 90°-Winkel zum Tor stehen, um den Ball zu verfolgen.
- Verhindern, dass der Gegner zu einem Nachschuss oder Tip-in kommt.
- Der Torwart sollte zuerst versuchen, jeden Schuss sicher zu fangen und dann mit den technischen Möglichkeiten absichern.

Foto: Powerslide

Foto: Powerslide

8 TIPPS ZUR PRAKTISCHEN DURCHFÜHRUNG

Auch für das Inline-Streethockey besitzt die klassische Dreiteilung des Unterrichts- bzw. Trainingsprozesses in die Unterrichtsphasen Warm-up, Workout und Cool-down ihre Gültigkeit (vgl. ROSCHINSKY 2001; FETZ 1979). Je nach Intention – eher freizeit- oder eher wettkampf- bzw. leistungsorientiert – und nach Fitness- bzw. Gesundheitszustand des Einzelnen variieren die zeitlichen Umfänge deutlich.

8.1 Warm-up

Das Warm-up ist für jeden Inline-Streehockey-Spieler ein absolutes Muss. So steht zu Beginn jeder Trainingseinheit oder eines spannenden Wettkampfspiels immer ein Aufwärmprogramm.

Dabei sind die Wirkungen des Warm-ups vielfältig. So wird durch ein konzentriert durchgeführtes und gut aufeinander aufgebautes Warm-up der Stoffwechsel angeregt, wodurch sich wiederum die Körpertemperatur erhöht, das Herz-Kreislauf- und Atemsystem aktiviert und die Muskulatur auf Betriebstemperatur gebracht wird. Der gesamte Körper wird also aus physiologischer Sicht auf die bevorstehende Belastung vorbereitet. Somit wird zum einen die Gefahr von Verletzungen, wie Zerrungen oder auch Muskelkater, verringert, und zum anderen vor allem auch die physische Leistungsfähigkeit des Sportlers gesteigert.

Neben den positiven Effekten des Warm-ups auf die *physische* Leistungsfähigkeit werden aber auch positive Effekte im *psychischen* und *sozialen* Bereich erzielt. So erhöht ein freudvolles Einspielen und ein entspannendes Dehnungsprogramm die psychische Leistungsbereitschaft und die Motivation für das anstehende Training oder den Wettkampf. Der Sportler gewöhnt sich immer wieder von neuem an das Sportgerät und ist motiviert für die folgende Belastung. Zusammenfassend kann also hier auch von einem psycho-physisch-sozialen Warm-up gesprochen werden, wobei sich die einzelnen Bereiche gegenseitig beeinflussen.

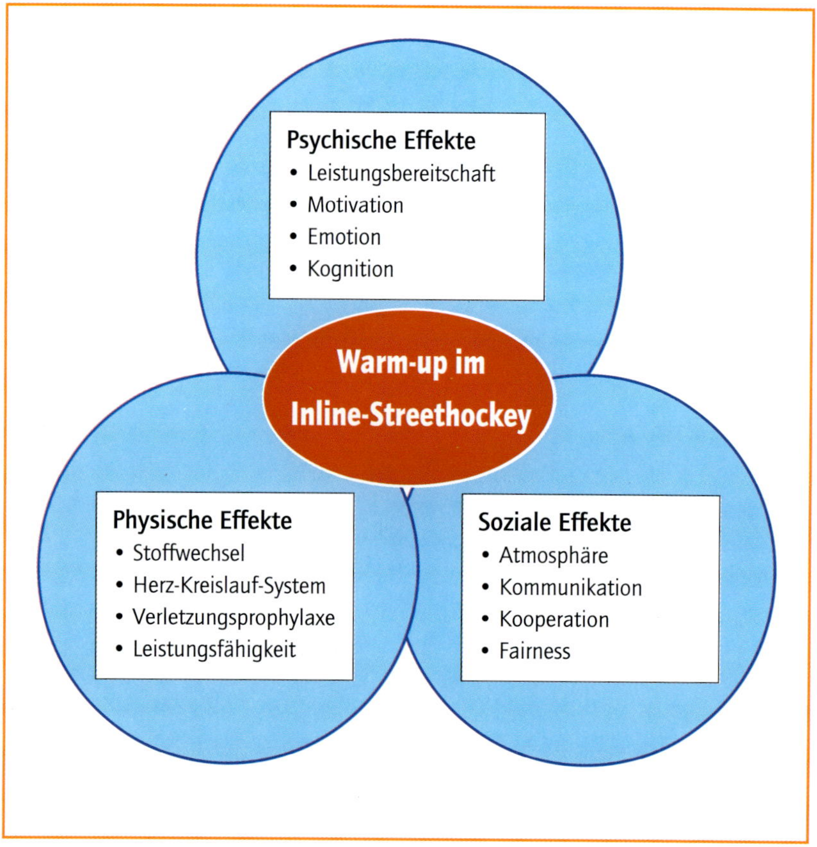

Abb. 4: Effekte des Warm-ups im Inline-Streethockey (in Anlehnung an ROSCHINSKY 2001)

Die Belastungsintensität ist während des Warm-ups gering, sollte aber auch innerhalb dieser Trainingsphase langsam gesteigert werden. Die Dauer des Warm-ups sollte, je nach Zielgruppe und in Abhängigkeit von der darauf folgenden Belastungsintensität und den äußeren Bedingungen (z.B. niedrige Temperaturen), mindestens 10-30 Minuten betragen. So sollte sich auch der Freizeit- und Breitensportler mindestens zehn Minuten aufwärmen. Bei leistungsambitionierten Inline-Streethockey-Spielern sind für das Warm-up 20-30 Minuten zu veranschlagen.

Die Inhalte sollten abwechslungsreich gestaltet werden und dabei immer auf die jeweilige Zielgruppe zugeschnitten sein. Dabei hat sich die folgende Reihenfolge bewährt: *Einlaufen*, *Stretching* und *Einspielen*. Zur Durchführung von orthopädisch unbedenklichen Stretching-Übungen oder eines kompletten Stretching-Programms bedarf es fundierter Kenntnisse auf diesem Gebiet, die im Rahmen dieses Buches nicht vermittelt werden können. Hier sei nachdrücklich auf die entsprechende Fachliteratur hingewiesen (z.B. KNEBEL 1993; STERNAD 1996).

8.2 Cool-down

Nach einem intensiven Inline-Streethockey-Spiel beginnt für den Sportler die Phase des *Cool-downs*. Die Funktion des Abwärmens liegt in der beschleunigten Regeneration, dem Vorbeugen von Muskelkater und der Prophylaxe von Langzeitschäden (z.B. muskuläre Dysbalancen, Fehlstellungen). Dabei kann man in Maßnahmen des Cool-downs unterscheiden, welche direkt im Anschluss an das Inline-Streethockey-Training stattfinden oder erst einige Zeit später.

Zu den Maßnahmen, welche unmittelbar nach der sportlichen Belastung durchgeführt werden, zählen *Auslaufen* und *Stretching*. Außer diesen existieren zusätzliche Formen des Cool-downs, welche die Regeneration nach einem intensiven Inline-Streethockey-Match intensivieren. Dazu zählen *Aquajogging* und *Aquarelaxation* (ROSCHINSKY 1998; 1999), *Sauna* und *Psychoregulationstechniken*, wie z.B. die progressive Muskelentspannung und das autogene Training (vgl. JACOBSON 1990; ROSCHINSKY/SCHMIDT 2001). Diese Maßnahmen können, je nach individuellem Interesse und nach den gegebenen Möglichkeiten (Zeit; Schwimmbad; Kenntnisse), durchgeführt werden. Die zusätzlichen Regenerationsmaßnahmen sind allerdings zeitaufwändiger und werden nicht auf dem Spielfeld durchgeführt.

Der zeitliche Umfang des Cool-downs ist abhängig von der Zielgruppe und vor allem von der Dauer und der Intensität der vorherigen Belastung im Workout. So umfasst die Phase des Cool-downs im Freizeitsport meist nur 10-15 Minuten. Im leistungsorientierten Inline-Streethockey-Sport können für diese Phase mindestens 15 und bis zu 30 Minuten veranschlagt werden.

Foto: Powerslide

9 VERLETZUNGEN UND VERLETZUNGSPROPHYLAXE

Die Sportart Inline-Streethockey stellt mit ihrem komplexen, multifaktoriellen Beanspruchungscharakter hohe Anforderungen an die Gesamtpersönlichkeit der Spielenden. Das körperbetonte Spiel mit seinen schnellen Wechseln zwischen Angriff und Verteidigung und seinen kurzen Geschwindigkeits- und Richtungsänderungen verlangt von den Spielern eine hohe körperliche, aber auch geistige Leistungsfähigkeit während eines Spiels und im Training. So ist es wie bei anderen Sportarten nicht vermeidbar, dass Verletzungen auftreten.

Obwohl das Spiel nicht komplett identisch mit dem Eishockey ist, findet man meistens in etwa die gleichen Verletzungsbilder vor. Lediglich die typischen Verletzungen aufgrund eines Bandenchecks treten beim Inline-Streethockey aufgrund der niedrigeren Banden nicht so häufig auf wie beim Eishockey. Trotzdem bleibt der Gegenspieler die primäre Verletzungsursache.

Foto 58: Foul durch einen Gegenspieler von hinten

Eine Statistik aus dem Eishockey nennt ebenfalls die gegnerischen Spieler als primäre Verletzungsursache mit 56,5%. Die Bande ist zu 21,1%, der Stock zu 12,2% und der Puck zu 6,8% als Verletzungsursache zu sehen. Nur 3,4% der Verletzungen ereigneten sich ohne Fremdeinwirkung (vgl. GRÖGER/HIPP 1998, 5).

Die Verletzungen beim Inline-Streethockey haben vielfältige Ursachen. Die Verletzungshäufigkeit eines Spielers hängt oft von dessen Spielposition, seiner körperlichen Verfassung und seinem technischen Können ab. So verletzen sich zum Beispiel die Stürmer prozentual häufiger, da sie sich nicht so sehr auf die Gegenspieler konzentrieren können wie die Verteidiger. Deshalb werden sie öfters von unvorhergesehenen und zu spät erkannten Körperangriffen des Gegners getroffen (vgl. GRÖGER/HIPP 1998, 3). Ermüdung, unzureichendes Aufwärmen vor dem Spiel und extrem riskantes Spiel können ebenso zu einer höheren Anzahl von Verletzungen beitragen.

Die meisten Verletzungen treten dabei im Bereich der Extremitäten auf, wobei die unteren Extremitäten etwas im Vordergrund stehen. Dort sind Kapselbandverletzungen des Kniegelenks sowie Frakturen des Sprunggelenks und des Mittelfußes als die häufigsten schweren Verletzungen zu nennen. Bei den oberen Extremitäten treten vor allem Frakturen im Bereich der Hand und Beschädigungen im Schultergelenk und dem Schlüsselbein auf (vgl. GRÖGER/HIPP 1998, 3). Schwere Kopfverletzungen können ohne Helm mit Vollvisier hauptsächlich im Bereich der Augen, des Kiefers und der Nase auftreten. Für den Kopf stellt nicht nur der Gegner selbst, sondern auch dessen Stock, der Ball und auch der harte Boden eine besondere Gefahr dar, der nur durch einen entsprechenden Helm entgegenzuwirken ist.

Die bisher aufgezeigten Verletzungen treten verstärkt bei Liga- und Vereinsspielern auf. Bei Hobbyspielern sieht die Verletzungsstatistik etwas anders aus. Dort findet man häufiger leichte Verletzungen wie Kratzer, Schürfwunden, Prellungen, Stauchungen, aber auch Brüche und Platzwunden, die leider immer noch oft auf eine unzureichende Ausrüstung und mangelnde Technik zurückzuführen sind. Bei Anfängern und Hobbyspielern ist das Spiel meist nicht ganz so schnell und aggressiv, dafür stürzen noch viele Spieler wie beim Inlineskaten auch ohne Einwirkung des Gegners.

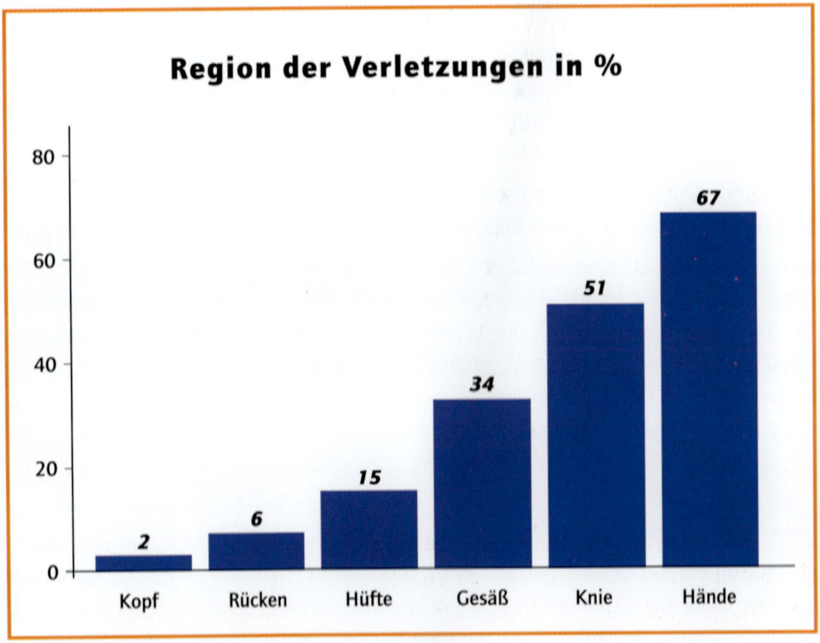

Abb. 5: Prozentuale Verteilung der Körperregionen, auf welche die Inlineskater stürzten (Mehrfachnennungen möglich) (JEROSCH/HEIDENJAHN/THORWESTEN 1998)

Brüche des Handgelenks und der Finger sowie Verletzungen am Steißbein, der Hüfte, den Ellbogen und den Schultern sind Begleiterscheinungen des Spiels, die sich durch gute Vorbereitung, eine gute Skating-Technik und die nötige Schutzausrüstung meist vermeiden lassen. Besonders der Ball und der Schläger werden als Gefahrenquellen oft unterschätzt. Der Ball passt von seinen Ausmaßen her meist genau in die Augenhöhle, was bei einem Treffer zu sehr schweren Augenverletzungen führen kann. Auch die Weichteile sind besonders gefährdet, wenn sie von einem harten Schuss getroffen werden. An anderen Stellen gibt es dagegen selten schwerere Verletzungen durch den Ball, dennoch sind die Treffer äußerst schmerzhaft und führen meist zu einem Bluterguss. Der Schläger kann, je nach Härtegrad und Baumaterial, unterschiedlich starke Verletzungen hervorrufen. Stockstiche und Schläge ins Gesicht sind dabei die gefährlichsten Verletzungsvarianten.

Wie bereits einige Male erwähnt, lassen sich die meisten Verletzungen durch Techniktraining, verbesserte körperliche Leistungsfähigkeit, aber vor allem durch gute Schutzausrüstung vermeiden. Eine bessere körperliche und geistige Leistungsfähigkeit kann durch gezieltes Training erreicht werden und verzögert beim Spielen auftretende Ermüdungserscheinungen, die oft Ursache für viele Stürze und Verletzungen sind. Auch eine ausgereifte Skating- und Stocktechnik führt zu größeren Reserven und mehr Sicherheit im Spiel, was das Verletzungsrisiko ebenfalls mindert.

Als die wirksamste Verletzungsprophylaxe kann allerdings eine gute Schutzbekleidung genannt werden. Durch die immer wieder verbesserte Schutzausrüstung konnten die Verletzungszahlen im Laufe der Zeit stark gesenkt werden. Schwere Verletzungen können dadurch wirkungsvoll reduziert werden, was sich besonders deutlich seit Einführung der Helmpflicht mit Vollvisierschutz für Kinder und Jugendliche unter 18 Jahren gezeigt hat. Durch den Vollgesichtsschutz treten Schnittverletzungen und Platzwunden im Gesicht und am Kopf sowie Augenverletzungen fast überhaupt nicht mehr auf. Der Helm schützt den Kopf außerdem vor schweren Kopfverletzungen bei Stürzen und bei Zusammenstößen mit dem Gegner. Es ist jedoch darauf zu achten, dass der Helm die nötige Qualität aufweist und auch nicht selbstständig vom Spieler verändert wird, was zur Einschränkung der Funktion führen kann.

Durch größere Schalenkonstruktionen bei den Schulterpolstern konnte der Aufpralldruck an den Schultern besser verteilt werden, was zu einem Rückgang der Verletzungen im Bereich der Schultern führte (vgl. GRÖGER/HIPP 1998, 12). Weitere Schutzbekleidung wie Ellbogenschoner, Beinschienen, Handschuhe und eine gepolsterte Hose bieten ausreichend Schutz vor Stockschlägen, Kollisionen mit dem Gegner, Balltreffern und bei Stürzen. Doch auch mit einer guten Ausrüstung sind Verletzungen nicht völlig auszuschließen. Um Verletzungen beim Training und beim Spiel vorzubeugen und den Kreislauf und die Muskulatur an die folgende Belastung anzupassen, ist es notwendig, sich vorher richtig aufzuwärmen. Ein konzentriert durchgeführtes Aufwärmprogramm und das Dehnen der hauptsächlich beanspruchten Muskeln und Bewegungseinheiten ist gerade für das Inline-Streethockey unerlässlich, auch wenn die meisten Hobbyspieler gerne darauf verzichten, da sie der Meinung sind, es wäre unnötig. Ein Auslaufen nach dem Spiel dient einer schnelleren Regeneration des Sportlers nach der hohen Belastung. So wirkt sich beispielsweise eine leichte, mäßig intensive, aktive Belastung positiv auf den

Abtransport von Stoffwechselprodukten (z.B. Laktat) aus (vgl. GRÖGER/HIPP 1998, 15). Im Gegensatz zum Aufwärmen müssen die Dehnübungen allerdings länger (30 Sekunden) gehalten und 2-3 mal wiederholt werden. Wenn man sehr häufig Inline-Streethockey spielt und dadurch die Muskulatur und die Sehnen einseitig belastet, kann es auf Dauer zu Defiziten bei der Dehnfähigkeit und der Kraft verschiedener Muskelbereiche kommen. Diesen Erscheinungen ist mit einem speziell darauf ausgelegten Stretching und Krafttraining entgegenzuwirken.

Um dem hohen Flüssigkeitsverbrauch beim Spielen entgegenzuwirken, ist es gerade beim Inline-Streethockey notwendig, sich mit ausreichend Flüssigkeit zu versorgen. Durch die warme und schwere Schutzbekleidung verliert ein Spieler bis zu 3 l Flüssigkeit während eines Spiels.

Foto 59: Sturz nach einem Foul durch den Gegner

Bei einem Flüssigkeitsverlust von 10% des Körpergewichts kann es zu schwer wiegenden krankhaften Veränderungen führen. Schon viel früher kommt es zu einem starken Leistungsabfall des Spielers. Deshalb ist es wichtig, mit gefüllten Flüssigkeitsdepots in ein Spiel zu gehen und auch während der Pausen und nach dem Spiel ausreichend zu trinken. Um den Mineralhaushalt wieder aufzufüllen, sind Apfelsaftschorlen und mineralstoffreiche Mineralwässer am besten geeignet.

Foto 60: Häufiges Trinken auch während dem Spiel ist wichtig, um den Flüssigkeitsverlust auszugleichen.

10 LITERATUR

ČAPLA, J. (1983): Eishockey. Niedernhausen/Ts.

FETZ, F. (1979): Allgemeine Methodik der Leibesübungen. Bad Homburg.

GRÖGER, A./HIPP, E. (1998). Eishockey. In: KLÜMPER, A. (Hrsg.): Sport-Traumatologie; Handbuch der Sportarten und ihre typischen Verletzungen (II-15). Landsberg.

KNEBEL, K.-P. (1993). Fitness-Gymnastik. Reinbek.

HABERMANN, M. (1998): Inline Hockey. Training, Technik, Taktik. Stuttgart.

JACOBSON, E. (1990): Entspannung als Therapie. Progressive Relaxation in Theorie und Praxis. München.

JEROSCH, J./HEIDENJAHN, J./THORWESTEN, L. (1998): Verletzungsmuster und Akzeptanz von passiver sowie aktiver Verletzungsprophylaxe bei Inline-Skatern. In: Deutsche Zeitschrift für Sportmedizin 49 (1), 3-8.

ROSCHINSKY , J. (1998): Aquajogging – Laufen im Wasser zur Regeneration und Rehabilitation. In: Condition 29 (5), 10-15.

ROSCHINSKY , J. (1999): Aqua Jogging – New Aspects and Methods. In: Aqua Team (Eds.): 3. European Aquatic Fitness Convention 1999. Convention Manual (pp. 27-29). Karlsruhe: Eigenverlag.

ROSCHINSKY, J. (2001). Beach-Badminton. Aachen.

ROSCHINSKY , J./FUNK, D./SCHÖNLE, H. (in Vorb.); Inline-Streethockey in Schule und Verein. In: Betrifft Sport.

ROSCHINSKY , J./SCHMIDT, U. (2001). Psychoregulatives Training im Ausdauersport. In: Condition 32 (4), 29-31.

ROTH, K. (1989). Taktik im Sportspiel. Schorndorf.

SCHMIDT, U./ ROSCHINSKY, J. (in Druck): Ein handlungstheoretischer Ansatz zur Unterrichts- und Trainingsplanung – aufgezeigt an der Sportart Inline-Skating. In: NAGEL, V. (Hrsg.), Inline-Skating – Sportwissenschaftliche Analysen. Bericht vom 3. Sportwissenschaftlichen Hochschulsymposium Hamburg 1999. Hamburg.

STERNAD, D. (1996). Richtig Stretching. München.

Foto: Schönle/Funk

11 ANHANG

11.1 Fotonachweis

Titelfoto:
Powerslide

Fotos Innenteil:
Schönle/Funk: Foto 1, 9, 10, 15-33, 35-49, 51-60 und S. 110, 111, 112, 114
Schanner: Foto 3, 4, 5, 6, 11, 12, 13
Powerslide: Foto 2, 7, 8 und S. 12, 38, 58, 97, 98, 102, U4 unten
K2: Foto 14, 34, 50 und S. 95, 117, U4 oben

Titelgestaltung:
Birgit Engelen, Stolberg

Foto: Schönle/Funk

11.2 Linkliste zum Inline-Streethockey

Spielregeln Inline-Streethockey
www.d-i-v.de/start.htm
www.d-i-v.de/hockey/vordrucke/wko_2.doc

Verbände:
www.d-i-v.de
www.ishd.de/
www.rollhockey-online.de/Index.htm

Foto: Schönle/Funk

Vereine:
www.skater-union-augsburg.de/800/Start.html
www.inline-online.de/dragons/
www.landau-fire.de/
http://home.nexgo.de/kleeblatt74/
www.psv-wuppertal.de/

Zeitschriften/Magazine:
www.inline-online.de/
www.skate.de/
www.speedskating.de/
www.rhockey.com/
www.hockeyplayer.com/

Hersteller:
www.powerslide.de/
www.schannersport.de/
www.k2skates.de/skates/index.htm
www.vaughnhockey.com/2001/International%20Distributors/International%20Distributors.htm
www.missionrh.com/
www.ccmsports.com/en/01_home/00_Frame.asp

Weitere Informationen:
www.isport.de/redaktion/lexikon/main_lex.asp?status=252&shop=250
www.skateguide.de/
linux.uni-paderborn.de/inline-hockey/links.html
www.kivw.de/Inlinebegriffe/hauptteil_inlinebegriffe.html
www.skate-termine.de/Link-Liste/Skate_Links/body_skate_links.html
www.arte-tv.com/societe/roller/dtext/liens.htm
http://212.227.96.200/hockeyrink/links/Inline-Streethockey/
www.hockey-tips.com/OurGurus.asp
www.inlinehockeycentral.com/
www.hockeyweb.de/links/links_na_wchl.htm

11.3 Abbildungsverzeichnis

Foto: Schönle/Funk

11.4 Tabellenverzeichnis

11.5 Fotoverzeichnis

Die Verfasser bedanken sich für die freundliche Unterstützung beim Leiter des Lehrgebiets Sportpsychologie und Sportpädagogik der Universität der Bundeswehr München, Herrn Prof. Dr. Dieter HACKFORT.

Besonderer Dank für die Durchsicht des Manuskripts, die kritischen Anmerkungen und die konstruktiven Anregungen gilt dem ISHD-Nationalspieler Bernd LÖHNERT. Des Weiteren gilt unser Dank dem deutschen Vizemeister Martin SCHMUCK und den Spielern Bert LAMMEL und Ron-Gero KAYSER, die sich für Fotoaufnahmen zur Verfügung gestellt haben. Dem TV Augsburg danken wir für die Bereitstellung seiner Vereinsanlagen. Außerdem danken wir Andreas HUCHLER für die Bereitstellung der Fotoausrüstung. Für die wertvolle Unterstützung mit Bildmaterial und Ausrüstungsgegenständen bedanken wir uns bei den Firmen Powerslide, K2 und Schanner.

Foto: K2

Adventure Sports

Adventure Sports
Patrick Droste/Ralf Strotmann
Telemark Skifahren

Anfänger können mit Hilfe dieses Buches schnell und einfach die Telemarktechnik erlernen und routinierte Telemark-Freaks erhalten zahlreiche Tipps, wie sie ihre Technik weiter verbessern können. Informationen zur Telemark-Geschichte und zum Equipment sowie ein Tele-Guide runden das Buch ab.

Englische Ausgabe in Vorbereitung

152 Seiten
vierfarbig
149 Fotos, 10 Abb.
Broschur, 14,8 x 21 cm
ISBN 3-89124-841-5
€ 18,90 / SFr 33,60

Adventure Sports
Frank Gille/René Marks
Snowboard Perfect

Snowboarden ist eine faszinierende Funsportart für den Wintersportler von Jung bis Alt, für Olympiateilnehmer wie für die vielen tausend Hobbyisten in den Skigebieten. Jeder kann die „Freiheit auf einem Brett" erleben, sobald er die ersten Grundbegriffe erlernt hat. Für diesen Lernprozess bietet das Buch eine Fülle nützlicher Hilfen. Mit zahlreichen Farbfotos, exakten Beschreibungen und fundierten Anleitungen bietet „Snowboard Perfect" den idealen Einstieg.

Englische Ausgabe in Vorbereitung

160 Seiten, vierfarbig
135 Fotos u. Graf.
geb., 14,8 x 21 cm
ISBN 3-89124-583-1
€ 18,90 / SFr 33,60

MEYER & MEYER SPORT

MEYER & MEYER Verlag | Von-Coels-Straße 390 | D-52080 Aachen, Germany | Fax +49 (0) 2 41 - 9 58 10-10